**Wer möchte denn schon
wie Herr Münch hausen?**

Wer möchte denn schon wie Herr Münch hausen?

Lügengeschichten von
Juckel Henke

Bibliografische Information der Deutschen Bibliothek:
Die Deutsche Nationalbibliothek verzeichnet diese Publikation in der
Deutschen Nationalbibliografie; detaillierte Daten sind im Internet
über http://dnb.d-nb.de abrufbar.

Die Lügengeschichten und der Roman sind Satire und in allen
Bestandteilen Fiktion. Sollten sich darin Ähnlichkeiten mit
existierenden Personen, Namen, Orten, Einrichtungen oder
Unternehmen finden, sind diese folglich rein zufällig.

Impressum:

© 2015 Juckel Henke

Umschlaggestaltung:
Anne Henkel

Spezieller Dank an:
Dr. Ulrike Schlieper-Müller
Ursula Jennemann-Henke

Herstellung und Verlag:
BoD – Books on Demand, Norderstedt
ISBN 978-3-7386-0809-0
http://www.juckel-henke.de

Vorwort

Juckel Henke hat ein Buch geschrieben, dessen Titel mich zucken lässt, heiße ich doch ebenso wie Manni ... nicht vorne aber hinten ... Münch.

Und schon überprüfe ich mich: Gibt es verwandtschaftliche Überschneidungen zwischen Manni und mir? Hause ich auch? Habe ich technische Fertigkeiten zum Basteln mit Metall und Technik? Lüge ich?

Aber alles ist gut, ich hab's überprüft: In unserer Familie gibt es nirgendwo einen Manni; ich hause nicht, ich wohne und nicht deshalb, weil ich in einem skandinavischen Möbelhaus einkaufe; ich habe für Technik zwei linke Hände; und lügen - nein, bestenfalls schummel ich … manchmal.

Dann ist ja alles in Ordnung und ich kann mir das Buch lustvoll zu Gemüte führen und vielleicht auch der Münchschen Verwandtschaft schenken.

Esther Münch

Der 8. Mai 2010 war für mich kein Tag wie jeder andere. An diesem Samstag entschied sich das Schicksal des VfL Bochum, wie bereits dreimal zuvor in 34 Bundesligaspielzeiten, am letzten Spieltag. Ich glaubte tatsächlich, dass es mit dem Klassenerhalt wieder klappen würde. Aber alles hat ein Ende, selbst dieses Buch. Doch bis zur Seite *142* wird noch sehr viel passieren.

Nach einem ausgiebigen Frühstück ging ich ins Arbeitszimmer, um die Mails zu checken. Nichts Besonderes. Zwölf belanglose Nachrichten im normalen Posteingangsordner, zwei Potenzmittelanpreisungsofferten und eine heiratswillige Russin im Spam-Postfach. Ich konnte mich nicht erinnern, dass im früheren Leben in unserem realen Briefkasten täglich mehr als drei Briefe steckten. Egal. Nachdem ich den PC ausgeschaltet hatte, wollte ich noch eine Runde durch den Stadtpark laufen. Eine knappe Stunde später kehrte ich heim. Meine Pulsuhr zeigte den Wert 130 an. Völlig normal nach dem kleinen Frühsport. Dass mein Pulsschlag im Laufe des Tages noch höhere Werte anzeigen würde, konnte ich zu diesem Moment noch nicht ahnen.

«Maria, wo ist denn der Siegerschal, verdammt noch mal?», fragte ich meine Frau.

«Ach Joe, zwischen den Boxern und den Slips, die dir nicht mehr passen», rief mir meine reizende Gattin aus der Küche zu.

«Du glaubst doch wohl nicht im Ernst, dass der VfL das Ding noch dreht?»

«Hier ist das Revier, hier wird noch gekämpft. Wenn irgendwo Fußball gearbeitet wird, dann bei uns. Bei den Unabsteigbaren», erwiderte ich stolz.

«Bis auf ein paar Ausnahmen», fügte Maria hinzu.

«Wird schon werden. Ich muss mich beeilen, Utz wartet bestimmt schon unten.»

Ich gab meiner Frau einen Kuss auf die Stirn und machte mich auf den Weg. Der Weg hatte nur ein Ziel. Und das hieß: *Klassenerhalt*.

Doch vor dieses Ziel hatte der Fußballgott noch 90 Minuten Unwägbarkeiten ausgestreut.

«Moin, Joe.»

«Moin, Utz», erwiderte ich. «Und?»

«Welch Frage? Sieg, zweistellig», sagte mein Freund und prustete los.

«Ein 1:0 würde mir schon reichen.»

Es kam natürlich alles ganz anders. Der Keks war bereits nach dreiundzwanzig Minuten gegessen. Da führten die Niedersachsen schon mit 2:0. Am Ende hieß es Abschied nehmen. Ade, Erste Liga. Das war es mal wieder. Und der Frust entlud sich nach dem Abpfiff bei einigen Fans. Da wurden Zäune eingerissen, das Spielfeld gestürmt. Die gegnerischen Anhänger sollten büßen. Dabei war es die Unfähigkeit der eigenen Mannschaft gewesen. Und nicht nur in dieser Begegnung. Eine Saison besteht immer noch aus 34 Bundesligaspielen. Und wenn von diesen

Aufeinandertreffen zu wenige gewonnen werden, heißt es Abschied nehmen. So auch an diesem Nachmittag. Ich sah, dass eine Reihe unter mir vier volltrunkene Idioten auf einen langhaarigen Mann, der bereits am Boden lag, einschlugen. Utz schaute mich kurz an, ich nickte und kurze Zeit später waren wir in eine Schlägerei vom Allerfeinsten verwickelt. Gott sei Dank beendeten zwei uniformierte Polizisten das Chaos. Wir wurden abgeführt und mussten im Mannschaftswagen unsere Personalien angeben. Nachdem Utz und ich glaubhaft versichern konnten, dass wir den VfL-Fan, der hilflos am Boden lag, schützen wollten, konnten wir gehen. Ich spürte noch, wie sich etwas in meine Schulter krallte. Es war die rechte Hand des langhaarigen Fans.

«Vielen Dank, ohne euch wäre ich wahrscheinlich tot.»

Ich blickte in das Gesicht des Mannes und stutzte.

«Manni?», fragte ich.

«Ja, Manni Münch, woher kennst du mich?»

«Das darf ja wohl nicht wahr sein», erwiderte ich. «Mensch, Manni, ich bin´s, Joe Pöhlmann. Damals, Zeche Goethe am Stadtpark. Wir waren zusammen im Leistungskurs Deutsch bei Helmut Zeisig. Und den Utze musst du doch auch noch kennen. Bochumer Handballstar.»

Manni Münch fiel mir um den Hals.

«Alter Schwede, Joe und Utz, 30 Jahre nicht mehr gesehen und jetzt. Es gibt keine Zufälle auf dieser Welt und wenn doch, dann sind sie so geplant.»

«Komm, wir fahren dich zum Augusta-Krankenhaus, lass lieber die Hand röntgen, is schon 'n bisschen dick», sagte ich.

Nachdem Manni untersucht worden war und als feststand, dass er nur ein paar Prellungen hatte, durfte er das Hospital wieder verlassen.

«Lasst uns doch noch kurz ins Parkschlösschen gehen», schlug Utz vor.

«Wie in alten Zeiten», sagte Manni Münch.

Es war zwar traurig, dass sein und unser VfL sich mal wieder in die Untiefen der Zweiten Liga verabschiedet hatte, aber er schien glücklich darüber zu sein, dass wir ihn vor größerem Unheil bewahrt hatten.

Es war schon nach 20 Uhr und in der Kneipe saßen nur noch ein paar VfL-Fans, die ihren Frust im Pils ertränkten. Aber alles blieb ruhig. Wir gingen am Tresen vorbei und setzten uns in das angrenzende Gesellschaftszimmer an einen der freien Tische.

Ich schaute auf den abgetretenen Parkettboden und musste grinsen.

«Hier hat sich fast nix verändert.»

«Doch, wir haben keine D-Mark mehr», sagte Utz und Manni fügte hinzu: «Und 0,3 Liter waren auch schon mal mehr."»

Es wurde ein langer Abend. Ich rief zuhause an, dass es später werden würde. Maria hatte nichts dagegen, denn dann konnte sie in Ruhe ihre Lieblingssendung sehen.

«Sag mal, Manni», fragte Utz, «was machst du eigentlich so?»

«Schrauben», antwortete unser gemeinsamer Freund, «schrauben, schrauben, schrauben.»

«Wie, schrauben?», wollte ich mehr wissen.

«Ich repariere Haushaltsgeräte, Handys, Fernseher, Pürierstäbe, Schnellkochtöpfe und alles, was man sonst wegschmeißen würde, weil es kein anderer mehr fertig macht. Wenn mal euer alter Röhrenfernseher kaputt ist, bringt ihn vorbei, ich bin der Heiler», sagte Manni und lachte.

Wir unterhielten uns den ganzen Abend lang über alte Zeiten. In den Jahren vor unserem Wiedersehen war eine Menge passiert. Erstaunt stellte ich fest, dass Manni auf der Castroper Straße, nur 500 Meter Luftlinie von uns entfernt, wohnte. In einer kleinen 18 Quadratmeter großen Zwei-Zimmer-Wohnung, die ihm auch gleichzeitig als Büro und Werkstatt diente.

«Wenn wir uns schon mal wieder getroffen haben, sollten wir das beibehalten», meinte Manni und wir verabredeten uns für den folgenden Mittwoch.

Mannis Wohnung befand sich direkt über dem Kiosk von Stefan Blume. Ich besorgte mir schnell noch eine Schachtel Zigaretten und klingelte anschließend bei Manni an. Kurze Zeit später stand ich vor der Wohnungstür meines Freundes. Als er mir die Tür öffnete, traf mich fast der Schlag. Radiogeräte, Röhrenfernseher, Elektroherde und jede Menge Einzelteile kamen mir entgegen. Die Wohnung war eine einzige Rumpelkammer. Und Manni wohnte in diesem scheinbaren Chaos. Unter dem Fenster lag eine Matratze, die auch schon bessere Zeiten gesehen hatte. Manni schob mit seinem linken Fuß einen Toaster zur Seite und bat mich in seine Wohnung. Er zeigte auf einen alten Nordmende-Fernseher und sagte: «Mach es dir gemütlich, nimm Platz.»

Er selbst setzte sich auf einen Braun-Rundfunkempfänger, der wohl noch aus den 1950er-Jahren stammte.

«Weißt du was», sagte Manni, «bevor wir über alte Zeiten quasseln, müssen wir erst ein bisschen Fußball gucken.»

An diesem Mittwoch, dem 12. Mai 2010, fand im Hamburger Volksparkstadion das Finale der Europa League zwischen Atletico Madrid und dem FC Fulham statt. Manni griff nach drei Fernbedienungen und schaltete drei supermoderne Flachbildschirmfernseher ein. Es war fast wie im Kino. Ein höchst unterhaltsamer Kick. Nach Verlängerung besiegten die Spanier die Briten mit 2:1 Toren. Nachdem Manni die Fernseher wieder ausgeschaltet hatte, ging er zu einem der sechs Kühlschränke, um uns noch zwei Flaschen Bier zu kredenzen.

«So, mein Lieber, jetzt erzähl mal. Wie geht es dir?»

Es wurde ein langer Abend. Ich erfuhr, dass Manni jetzt seit 15 Jahren von seiner Schrauberei lebte. Er schien rundum zufrieden zu sein. Als ich ihm von meinen fast 20 Jahren in der Werbeagentur in Dortmund erzählte, musste er mehrmals laut lachen.

«Die hanebüchenen Geschichten glaubt dir doch kein Mensch», sagte er, als ich ihm von den Machenschaften meines Arbeitgebers erzählte.

Da war die Geschichte mit dem Vorstandsvorsitzenden einer großen Versicherung, der in der Szene als einer der besten Hobbyflieger galt. Er besaß eine Propellermaschine, die am Flughafen Essen-Mülheim im Hangar stand. Diese Maschine sollte mit dem Firmenlogo der Versicherung als Werbeaufkleber versehen werden. Erwin Berger, unser Experte für Messebau und Beschriftungen aller Art, hatte mal wieder auf den letzten Drücker das Logo geplottet. Kurz vor 9 Uhr in der Früh erreichte er mit einem uralten Firmenwagen den kleinen Flughafen. Heiner Bunte, der Versicherungschef, stand bereits mit mir vor seinem Prachtexemplar eines Fliegers. Er erzählte mir ununterbrochen von seiner Leidenschaft. Erwin Berger begrüßte uns und kurz darauf nahm er an der Propeller-Maschine Maß, um das Logo werbewirksam zu platzieren. Hinter dem Logo der Gesellschaft des Vorstandsvorsitzenden befand sich auch das Trademark, das ®. Heiner Bunte schaute Erwin beim Anbringen der Buchstaben interessiert zu. Als Erwin dann das ® als Erstes am rechten Rand am Maschinenheck aufgeklebt hatte, lobte der Flieger ihn in höchsten Tönen.

«Das ist ja raffiniert», sagte er, «zuerst das ® aufkleben, damit man weiß, wo rechts ist. Clever!»

Das war nur eine der merkwürdigen Geschichten, die ich Manni Münch zum Besten gab.

«Wenn wir schon einmal dabei sind», sagte Manni, «dann lass mich auch mal, denn meine Neffen und Nichten behaupten, dass ich der größte Lügenerzähler der Welt bin. Pass auf, da ist die Geschichte mit dem Pickelbeschwörer.»

Und Manni begann:

Gisela Wegstein war verzweifelt. Ihr Pickel auf der Nase wollte einfach nicht verschwinden.

«Weißt du», sagte sie zu ihrer besten Freundin Gudrun, «ich kann machen, was ich will, dieser hässliche Mitesser kommt immer wieder.»

«Das ist ärgerlich», erwiderte ihre Freundin.

«Außerdem ist das ein richtiger Kaventsmann, ein sogenannter Oschi.»

Was tun? Der Hausarzt wusste keinen Rat mehr. Auch einige Dermatologen versuchten vergeblich, Gisela von ihrem Schandmal zu befreien. Egal, welche Mittel die ansonsten hübsche Frau auch benutzte, keine drei Wochen später war der Pickel wieder da. Und das Schlimmste: Er schien immer größer zu werden.

Gisela versuchte es mit den ausgefallensten Hausmitteln. Eines Tages bekam sie von einer ehemaligen Arbeitskollegin den Tipp, das Corpus Delicti mit Eigenurin zu behandeln. Zunächst sträubte sie sich dagegen. Doch dann gab sie sich schließlich einen Ruck und steckte abends, direkt nach dem Essen, ihren Zinken in ein Glas, das sie mit ihrem eigenen Urin gefüllt hatte. Zwei Minuten zog sie nun ihre Nase immer wieder von links nach rechts, dann von rechts nach links durch das warme Nass. Sie versuchte, dabei möglichst nicht zu atmen. Doch manchmal klappte das nicht so, wie Gisela es wollte und sie bekam weniger wohl, sondern eher übel etwas in den Hals. Das ganze Prozedere gefiel ihr überhaupt nicht. Anfangs glaubte die Mittvierzigerin, dass sich der Pickel etwas zurückgebildet habe. Aber da täuschte sie sich gewaltig. Außerdem roch es in der Küche nicht gerade nach Rosen. Als diese Methode zu keinem Erfolg führte, griff die bepickelte Lady zu einem Messer. Sie stellte sich vor den Badezimmerspiegel und schnitt das Unding kurzerhand ab. Das Blut spritzte, Gisela schrie und fiel anschließend in Ohnmacht. Gott sei Dank kam just in diesem Moment ihr Gatte Heinrich Wegstein nach Hause.

«Um Himmels Willen, Gisela, was hast du gemacht?», schrie er verzweifelt.

Sofort wählte er die Notrufnummer 112 und keine fünf Minuten später lag die blutüberströmte Frau auf einer Trage und dann in einem Bett in einem Krankenhaus an der Außenalster. Drei Tage später wurde sie entlassen.

Heinrich machte sich große Sorgen um seine Frau. Doch so sehr er sich bemühte, Gisela zu beruhigen, umso hysterischer benahm sie sich. Nichts hasste sie mehr als diesen Pickel auf ihrer ohnehin schon viel zu großen Nase. Auch die Selbstattacke mit dem Küchenmesser hatte nichts bewirkt. Zwei Wochen, nachdem die Wunde verheilt war, spross der runde Eiterbeutel wieder auf ihrem Riechkolben.

«Das darf ja wohl nicht wahr sein!», schrie die Frau, nachdem sie sich im Badezimmerspiegel beäugt hatte und begab sich in den Hobbykeller.

Mit einem Vorschlaghammer in der Hand betrat sie das Bad und schlug den teuren Kosmetikspiegel entzwei. Wenn schon diese Pocke nicht verschwinden würde, wollte sie sie zumindest auch nicht sehen.

Gisela Wegstein traute sich kaum noch auf die Straße. Sie litt sehr an dem Unding auf ihrer Nase. Sie fiel in eine tiefe Depression. Eines Tages lief auf arte-TV ein Bericht über einen chilenischen Wunderheiler, der aufgrund übersinnlicher Kräfte schon die merkwürdigsten Krankheiten besiegen konnte. Der Mann nannte sich Angelo Abdul Don Dammdammovic. Gisela googelte den Namen nach der Sendung und erfuhr, dass dieser

Dammdammovic ursprünglich aus Rumänien stammte und danach in Westdeutschland Karriere als Musiker gemacht hatte. Eines nachts hatte er eine Stimme gehört, die ihm mitteilte, das er der Auserwählte sei. Er wusste zwar nicht zu welchem Auserwählten man ihn ausgeguckt hatte, doch daraufhin wurde er gläubig und verschwand von heute auf morgen nach Chile. Er eröffnete eine Praxis für Wunderheilung, die vom Chilenischen Gesundheitsministerium anerkannt wurde und praktizierte dort höchst erfolgreich. Durch Mund-zu-Mund-Propaganda und durch Twitter, Facebook und www.thewonderhealer.com wurde er immer bekannter. Als er dann auch noch dem alternden Hollywoodstar Dick van Dyck von seiner Fresssucht befreite und der amerikanischen Volksdiva Diana Zukkowski nur durch Handauflegen die Brust vergrößerte und die Presse davon Wind bekam, konnte er sich vor Anfragen kaum noch retten. Er heilte nahezu alle Krankheiten. Und zwar mit den merkwürdigsten Methoden. Bei Migräneanfällen stopfte er den Patienten Knetgummi in alle Körperöffnungen – geheilt. Krampfadern zog er mit einer Pipette aus den Beinen – geheilt. Und Mundgeruch bekämpfte er mit einer Gurgelbrühe aus Harzer Käse und Ammoniak. Der Terminkalender vom ehemaligen rumänischen Musiker, der jetzt als Hoffnungsträger aller Unheilbaren galt, war prall gefüllt. Gisela wandte sich mit ihrem Anliegen trotzdem an Dammdammovic und bat um einen Termin.

In der Zwischenzeit wuchs der Pickel auf ihrer Nase immer weiter. Er war mittlerweile fast so groß wie ein Tennisball. An einem warmen Sommertag hatte ihr Mann Heinrich eine Idee. Als er von der Arbeit nach Hause kam, bat er seine Frau sogleich ins Schlafzimmer. Er ließ die Jalousien herunter, löschte das Licht und band seiner Frau die Augen mit einem Handtuch zu.

«Was machst du da, Heinrich?», wollte Gisela von ihrem Angetrauten wissen.

Sie bemerkte, dass irgendetwas Feuchtes mit ihrem Gesicht in Berührung kam. Es fühlte sich zumindest nass an. Nach einer Behandlung von sieben Minuten spürte sie, dass ihr Mann sie auf die Stirn küsste und sagte: «Top! Fertig! So, liebste Gisela, jetzt kannst du mal schauen.»

Heinrich knipste das Licht wieder an und hielt seiner Frau einen Taschenspiegel entgegen.

«Heinrich, was soll das?», fragte sie erbost.

Sie sah sich an. Frau im Spiegel sozusagen. Aber eher wohl Clown im Spiegel, denn Heinrich hatte seiner Gattin den Riesenpickel auf der Nase rot angemalt und ihr Gesicht mit weißer Schminke getüncht.

«Und?», fragte er Gisela, «was sagst du?»

«Darüber können wahrscheinlich andere lachen, ich aber nicht. Oh du mein Heinrich, ich bin so unglücklich.»

Die einst so hübsche Frau weinte bitterlich. Es musste was geschehen.

Als Gisela schon gar nicht mehr an die Anfrage an den Wunderheiler dachte, bekam sie an einem trüben Novembertag eine E-Mail von Angelo Abdul Don Dammdammovic. Er interessiere sich sehr für ihre Krankheit und schlug ihr drei Termine zur Auswahl vor.

Gisela konnte es kaum glauben. Die Nase war mittlerweile ein einziges Furunkel. Dick, rot und eitrig. Als sie in den Flieger nach Chile eincheckte, wäre sie fast nicht durch die Sicherheitsschleuse am Hamburger Flughafen gekommen, weil man annahm, es befände sich eine Bombe auf der Nase. Aber sie schaffte es doch noch, die Security-Beamten von der Echtheit ihres Pickel zu überzeugen. Gisela hatte eine dunkle Sonnenbrille auf und band sich einen schwarzen Schal um, der ihren Schandfleck unsichtbar machte.

Am Flughafen in Santiago de Chile angekommen, nahm Gisela Wegstein ein Taxi, um in die Praxis des Wunderheilers, die nur 15 Kilometer vom Airport entfernt war, zu gelangen.

Eine indisch anmutende Assistentin bat Gisela in ein Zimmer, das völlig abgedunkelt war. Es roch nach Weihrauch, Myrrhe und Wiener Schnitzel. In der Mitte des Raumes baumelte eine Hängematte, die an den Außenwänden mit dicken Seilen befestigt worden war. Auf einem kleinen Nierentisch aus den 50er-Jahren stand ein alter Schallplattenspieler aus den 60er-Jahren der Musik aus den 70er-Jahren dudelte. Nun ertönte ein Gongschlag und plötzlich erhellte eine LED-Lampe aus den 80er-Jahren den Raum. Ein nackter Mann mit langem, fettigem Haar, einem Vollbart und Piercing im Intimbereich stand auf einer Fußbank.

«Herzlich willkommen, liebe Gisela, mein Name ist Angelo Abdul Don Dammdammovic. Ich bin auserkoren worden, Sie ein für allemal von ihrem Schandfleck zu befreien. Setzen Sie diesen Stahlhelm aus den 40er-Jahren auf und legen Sie sich bäuchlings in die Hängematte.»

Gisela war mittlerweile alles egal und sie tat, wie es ihr der große Meister befahl. Sie zog sich den Helm über den Kopf, sodass nur noch die Nase herauslugte.

«Nun machen Sie sich bitte frei», sagte die hübsche Assistentin.

Nachdem Gisela sich ausgezogen hatte und mit dem nackten Arsch nach oben auf der Hängematte lag, kam der Wunderheiler auf sie zu und steckte ihr einen Sektkorken in den Hintern. Dammdammovic legte nun eine Schallplatte auf, sprühte eine Art Raumspray in die Luft und zündete zwei Kerzen an. Das Aerosol des Sprays entzündete sich, Gisela Wegstein erschrak fast zu Tode und mit einem lauten Ploppen entfernte sich der Korken von dort, wo ihn der Wunderheiler hineingesteckt hatte. Das wiederum löste einen Mechanismus aus und die Hängematte begann, sich wild um die eigene Achse zu drehen. Gisela wurde es schwarz vor Augen und sie glaubte ein Geräusch wahrzunehmen, das sich so anhörte, als würde ein Flugzeug von der Startbahn abheben und gen Himmel schweben.

Die Matte drehte sich immer wilder, doch nach knapp zwei Minuten war der Spuk vorbei.

Als sie ihre Augen wieder öffnete, sah sie zunächst nichts. Sie spürte nur, dass eine große Hand auf ihrer Nase lag. Es brannte.

«So, dann haben wir es gleich», hörte sie den Heiler sagen.

Aus den Lautsprecherboxen dröhnte der Text *Wunder gibt es immer wieder* in Giselas Ohren.

Die Kerzen wurden wieder angezündet und Angelo Abdul Don Dammdammovic hatte sich angezogen und stand in einem sündhaft teuren Kleid von Federico Verrutschi vor der nach wie vor sehr verwirrten Frau Wegstein.

Gisela setzte den Helm ab und griff mit der linken Hand an ihre Nase. Weg!! Der Pickel war weg!!

«Wie haben Sie das gemacht?», fragte sie den Wunderheiler völlig erstaunt.

«Ich sage Ihnen nur eins: Zentrifugalkraft. Mehr darf ich Ihnen dazu nicht verraten, da man mir sonst die Lizenz zum Wunderheilen entziehen könnte.»

«Und wo ist das Ding jetzt?», stammelte die Patientin.

Angelo Abdul Don Dammdammovic deutete mit dem rechten Zeigefinger auf ein Glas, das in der äußersten linken Ecke des Raumes stand.

«Zu den anderen», antwortete er und lächelte.

Gisela Wegstein stand auf, ging in die Ecke und blickte auf das durchsichtige Glas.

Mixed Pickles, stand auf dem Etikett. Ja, es gibt Sachen, die glaubt einem kein Mensch.

«Nennen Sie mich ruhig Pickelangelo, meine liebe Mona Gisa», scherzte der Vollgott in Weiß und löste sich im Nullkommanichts in Luft auf und ward nie wieder gesehen.

Im Gegensatz zu Gisela Wegstein. Sie lebt nun ohne Pickel, aber mit Mann und zwei Kindern und dem Zwergschnauzer Max in einem kleinen Dorf am Rande des Sauerlandes in einem Zweifamilientipi mit großer Außenterrasse.

«Tja», sagte Manni Münch, «so läuft das mit den Wundern auf dieser Welt. Nur so!»

Nun war ich mit einer unglaublichen Geschichte an der Reihe.

«Pass auf», sagte ich.

Als wir einmal einen Messestand in Düsseldorf auf der Messe *Gesundheit* aufgebaut hatten, wurden auch sogenannte Give-Aways verteilt. Kugelschreiber, Zahnbürsten, Pflastermäppchen und die ganze Palette. Mein Chef Pitter Müller erschien plötzlich am Stand und begrüßte unsere Kunden. Er fuchtelte wie wild mit den Händen durch die Luft und immer, wenn er seinen Kunden auf andere Messestände ansprach und dorthin zeigte, bemerkte ich, dass binnen kürzester Zeit fünf Jugendliche vor Ort erschienen, um die Werbemittel aus den bereitgestellten Boxen zu entnehmen. Aber nicht nur einen Kugelschreiber oder eine Zahnbürste, nein, der Messestand wurde regelrecht geplündert. Beim nächsten Angriff wollte ich die Bande stellen. Ich verfolgte einen der Täter, der in die Tiefgarage unter der Messehalle geflüchtet war. Er stand vor einem großen Geländewagen. Und diesen Wagen kannte ich. Es handelte sich um den Wagen von Pitter Müller, meinem Chef.

«So mein Lieber», raunzte ich den Jüngling an, «was ihr da macht, das ist Diebstahl. Ich werde die Polizei rufen.»

«Das lässt du mal schön bleiben, Pöhlmann.»

Diese Stimme kam mir bekannt vor. Es war Pitter Müller.

«Nimm mal lieber den Koffer und bringe die Werbemittel nach oben. Der Kunde wartet schon darauf.»

Der vermeidliche Dieb und seine Komplizen schütteten die erbeuteten Werbeartikel in den großen Koffer, Müller gab mir einen vorbereiteten Lieferschein und schickte mich zurück zum Messestand, wo der Kunde erfreut war, dass die Give-Aways wieder aufgefüllt wurden.

«Na ja», sagte Manni, «schöne Geschichte, scheint ja wirklich so gewesen zu sein. Da musst du schon andere Klamotten erzählen. Ich hatte da mal einen Freund, der hatte ein Schlauchboot und der hatte eine großartige Idee.»

Manni Münch schraubte an einem Radiowecker und begann zu referieren:

Wer hat nicht schon einmal davon geträumt, sich mit einer Höchstleistung im Guinessbuch der Rekorde wiederzufinden. Mein alter Kumpel Siegfried Kloß, von allen nur Socke gerufen, hatte mal wieder eine Idee. Nachdem er den Rekordversuch im Dauerluftanhalten nach 118 Sekunden abbrechen musste, versuchte er vergeblich, das Alphabet rückwärts in 20 Sekunden zu rülpsen. Auch die längste Zunge der Welt war für ihn zu lang. Den Rekord hält eine junge Dame mit 9,75 Zentimetern. Beim Versuch, diesen Rekord zu knacken, ließ Socke sich ein Loch durch den Schleckmuskel stechen, fädelte einen Draht ein und hängte abends nach dem Essen einen mit 5 Liter Wasser gefüllten Eimer an seine bis dahin noch 5,92 Zentimeter kurze Zunge. Außer einem einwöchigen Krankenhausaufenthalt und einer eingerissenen Zunge brachte ihm dieser Rekordversuch nichts Besonderes. Nach reiflicher Überlegung und guten Worten seiner Frau nahm Siegfried Kloß davon Abstand, ein anderes Körperteil auf lang zu trainieren, um einen Guinness-Eintrag zu erlangen. Was nun? Er musste also etwas tun, was vor ihm noch kein anderer getan hatte. Aber was? Skispringer abschießen, Kunstfurzen, Schlangenbeschwören und Hundekuchenweitwurf gab es bereits. Es sollte natürlich machbar sein. In seiner Studentenzeit war er ein recht guter Wassersportler gewesen. Er hatte mit dem Ruhrlandachter mit Steuermann sogar an den Deutschen Meisterschaften teilgenommen. Immerhin schaffte er es, mit seinen Kameraden unter die 16 besten Boote zu kommen. Auch danach blieb er dem Wassersport treu. Es gab keinen Passus, der männlichen Sportlern die Teilnahme am Synchronschwimmen verbat. Aber in den Statuten war auch eindeutig festgeschrieben, dass es den Teilnehmern nicht gestattet war, oben ohne zu schwimmen. Und das Gejohle, wenn er mit rosa Bikinioberteil, Vollbart und einer Nasenklammer ins Wasser sprang, konnte er letztendlich nicht mehr ertragen.

In den 1980er Jahren zog es Socke dann zu den wahren Wasserabenteuern. In Norwegen fuhr er Wildwasserrennen, Kanuslalom und spielte Schlauchbootpolo, eine Sportart, die in den skandinavischen Ländern damals boomte. Aus dieser Zeit besaß er noch sein altes Schlauchboot, das er vor zig Jahren im Keller eingemottet hatte. Das brachte ihn auf eine Idee.

Er wollte der erste Mensch sein, der das Matterhorn mit einem Schlauchboot überquert. Wer die Juroren und die Regeln beim Rekordversuch für einen Eintrag in das

Guinessbuch kennt, der weiß, dass auf Socke Kloß nun einiges zukommen sollte.

Nachdem er die letzten Hürden mit Hilfe eines Rechtsanwaltes erfolgreich gemeistert hatte - ein ehemaliger Extremkletterer aus Südtirol, der ein wenig aussah wie ein Yeti, wollte den Rekordversuch verbieten lassen - ging es an die Vorbereitung des Unterfangens. Zunächst wurde das Boot auf seine Alpentauglichkeit getestet. Denn wie wir alle wissen, ist die Luft in 4478 Metern extrem dünn.

Am 14 Juli 1865 wurde das Matterhorn erstmals von einer Siebener-Seilschaft, angeführt von Edward Whymper, bestiegen. Danach kletterten immer mehr Bergverrückte in dem Gestein herum. Und heruntergekommen sind sie fast alle. Der eine langsam, der andere schneller und töter als im lieb war.

Und jetzt, im August 2008, war es nun Siegfried Kloß, der den Berg als erstes mit einem Schlauchboot überqueren wollte. Socke holte sich Rat bei erfahrenen Kletterern und besuchte sogar einen Urenkel von Luis Trenker in einer Heilanstalt für abgestürzte Kletterer. Auch das Höhentraining stand nun auf Sockes Agenda. Alle drei Tage fuhr er nach Winterberg, um sich auf die Höhe einzustellen. Immerhin liegt die Spitze des Kahlen Asten 841,9 Metern über dem Meeresspiegel.

Er schränkte das Rauchen ein. Statt 60 rauchte er nur noch maximal 57 Zigaretten pro Tag. Er ging zu Fuß zur Trinkhalle, um seinen Getränkebedarf zu decken. Für die 20 Meter dorthin und zurück benötigte er keine 20 Minuten

Der Tag des Rekordversuches war gekommen. Siegfried Kloß wurde in Zermatt jubelnd empfangen.

Die Schweizer, die dort wohnen, nehmen normale Bergsteiger nur noch wahr, wenn sie einmal vom Berg herunterfallen. Den Gipfel des Matterhorns zu bezwingen, ist mittlerweile zum Alltag geworden. Zumindest das Besteigen nur um des Besteigens willen. Aber dass es nun jemand wagen würde, den Berg mit einem Schlauchboot zu überqueren, das war den Eidgenossen auch noch nicht untergekommen. Kamerateams aus dem gesamten Alpengebiet und aus Malta, Jalta und Kambodscha hatten ihre Objektive auf Socke gerichtet. Sein Team bestand aus ihm selbst und seinen Kumpels Jupp Meiser, Heini Hillebrand und Ferdi Kroll.

«So meine Sherpas, wir sind da», sagte er zu seinen Mitstreitern.

Am Freitag, vorausgesetzt das Wetter würde sich halten, sollte es losgehen. Zunächst sollte das Team die Hörnlihütte in 3260 Meter Höhe erreicht haben. Dann wollte Socke den Aufstieg allein, nur mit dem Boot im Schlepptau, angehen. In der Nacht vor dem Rekordversuch träumte er von Klaus Kinski, der in einem Papierschiff sitzend den Baldeneysee durchpaddelte.

Kurz bevor er das Ufer erreichte, sank das Boot und Kinski fluchte in allen möglichen Sprachen. Dem introvertierten Schauspieler fielen frische Erdbeeren aus seinem wilden Mund und als er das Ufer unbeschadet erreichte, war er so dankbar, dass er sofort eine Deutschlandtour als Jesusrezitator antrat.

«Wahrlich, wahrlich, ich sage nichts», hörte Siegfried Kloß Kinskis Stimme, dann wachte er auf.

«Gott sei Dank war das nur ein Traum», dachte Kloß und stand auf, um sich für den Tag frisch zu machen.

Es war soweit.

«Wenn der Berg ruft, rufe ich, ich komme gleich!»

Unter der Dusche stehend ging er gedanklich noch einmal die Strecke ab. Jeden Kilometer, jeden Meter, jeden Zentimeter, ja jeden Millimeter hatte er sich auf den Karten angeschaut. Und jetzt hatte er alles vergessen.

«Et hät noch emmer joot jejange», dachte Socke und lachte.

Vor dem Hotelzimmer drängten sich die Journalisten, um noch ein Statement vom Abenteurer zu erhaschen.

«Herr Kloß, Lucille ist mein Name», stellte sich der Praktikant von TRL vor und fragte: «Wie lange wird es dauern, bis Sie die Überquerung geschafft haben?»

«Ach wissen Sie», antwortete Socke, «das weiß ich nicht. Ich weiß nur, wenn ich wieder Boden unter den Füßen habe, werde ich sehr matt in Zermatt angekommen sein. Es ist ein kleiner Schritt für mich, doch ein knallrotes Gummiboot auf die nach Sensationen besessene Mehrheit ihrer Zuschauer. Guten Tag, ich muss nun gehen, Lucille.»

Ein ratloser Praktikant und weitere ratlose Reporter standen plötzlich ziemlich dumm herum.

Vor der Tür des Hotels warteten bereits die Sherpas auf ihren Meister. Sie waren mit Zaumzeug vor einen Hundeschlitten gespannt worden. Siegfried Kloß holte eine Peitsche aus der Jackentasche und schlug wie wild auf seine Kameraden ein.

«Hoppa, hoppa», schrie er immer lauter.

Ja, es hatte sich für ihn gelohnt, im Winter immer den Biathleten bei den Wettkämpfen zuzusehen. Unter dem tosenden Beifall der Meute, die die Straßen säumte, trabte der Menschenschlitten in Richtung Aufstieg des Matterhorns.

Die Straße wurde immer enger, Asphalt wurde zunächst durch Kopfsteinpflaster ersetzt und in 800 Meter Höhe endete der ausgebaute Weg. Jetzt war Socke mit seinen Sherpas ganz allein. Fast. Denn in einem Elektroschlitten folgte ein Notar, der den Rekordversuch bestätigen musste, in angemessenem Abstand.

Es wurde dunkel, wir kürzen an dieser Stelle, also ist es schon wieder hell, als die Expedition die Hörnlihütte kurz vor Einbruch der erneut hereinziehenden Dunkelheit erreicht. Eine letzte gemeinsame Nacht. Die Sherpas schliefen in einem Zwinger und Socke und der Notar in einem Doppelbett aus dem 18. Jahrhundert. Am nächsten Morgen streichelte Siegfried Kloß seine Kumpel Jupp Meiser, Heini Hillebrand und Ferdi Kroll.

«Vielen Dank, meine Lieben. Nun muss ich es alleine packen. Das Reglement will es so. Bitte seid so nett und blast mir nun das Schlauchboot auf. Dann könnt ihr gehen.»

Gegen zwölf Uhr mittags ging es an den Start. Siegfried Kloß drehte sich noch einmal um und winkte seinen treuen Gefährten zu. Dann kettete er das Boot mit einem Karabinerhaken an seine Bergsteigerhose und begann mit dem Aufstieg. Er hatte sich für eine selten erklommene Route entschieden. Der Notar stieg in einen bereitstehenden Helikopter und notierte akribisch jeden Schritt des Kletterers. Keine 24 Stunden später hatte Siegfried sein erstes Etappenziel, den Gipfel des Matterhorns, erreicht. Doch der schwierigste Part stand ja noch bevor.

Er stellte sich in sein Schlauchboot, zückte sein Smartphone und schoss ein Foto, dass er sofort auf seine Facebook-Seite posten wollte. Doch hier oben, kurz vor dem Himmel zwischen der Schweiz und Italien, war weder LTE-, noch UMTS-, noch

EDGE- oder gar WLAN-Empfang. So ein Mist. Egal, der Abstieg stand bevor.

Durch Google-Earth hatte Kloß gesehen, dass kurz hinter dem Gipfelkreuz in südwestlicher Richtung vor Jahren einmal mit dem Bau einer Skiflugschanze begonnen worden war. Da es sich dabei jedoch nur um ein Abschreibungsmodell handelte, wurde die Schanze niemals ganz fertiggestellt. Aber es sollte reichen, glaubte zumindest Socke, dass man dadurch den Abstieg in einem Abflug verwandeln könne. Sicherheitshalber hatte er natürlich einen Gleitfallschirm mit an Bord und in den Statuten der Brauerei aus Irland stand nichts von einem Gleitfallschirmverbot. Socke nahm sein Steigeisen, setzte sich in das Boot und knotete sich an dem Anker fest. Dann warf er die Fender über Bord und schon konnte es losgehen. Wie er es beim Paddeln erlernt hatte, stieß er sich mit ein paar kräftigen Schlägen ab und schon rutschte das Schlauchboot über die arg verwitterte Sprungschanze. Nach 80 Metern hob sein Gefährt ab. Er zog an der Reißleine des Fallschirms, der sich auch schnell öffnete. Kloß hatte sich ordentlich mit dem Boot verknotet und so stand einem gemächlichen Abstieg, der ja ein Abflug war, eigentlich nichts mehr im Weg.

Aus Kostengründen fand an diesem Tag auch noch der Absprung einer österreichischen Extremsportlerin aus 40.000 Metern Höhe statt. Und keiner hatte daran gedacht, dass sich der Fallschirm der ehemaligen Miss Österreich nicht öffnen könnte. Und wie es der Zufall so will, und als Kurzgeschichtenautor ist man für so einen Zufall sehr dankbar, wie es also der Zufall wollte, fiel eben diese Dame im gleichen Moment vom Himmel, als Kloß gaaanz langsam gen Erdboden schwebte.

In knapp 100 Metern gab es plötzlich einen lauten Krach und die Schöne wurde zum Biest. Zumindest aus Siegfried Kloß Sicht. Das Boot zerbarst und Kloß klammerte sich noch an den Körper der Extremjumperin.

Kurze Zeit später zerschellten die beiden Rekordsüchtigen an einem Felsvorsprung. Leider wurde nichts aus dem Rekordversuch. Nur die Fernsehsender, Radiostationen und Printmedien hatten ihren Spaß an der Sache.

In der nächsten Woche hat sich übrigens ein ehemaliger Tour-de-France-Sieger für einen Rekord im Dauerdopen angekündigt. Man kann schon Wetten darauf abschließen.

«Sehr schön, Manni», sagte ich und blickte auf die Uhr. «Ich glaube, wir sollten einen Lügengeschichtenabend im Monat beibehalten. Was hältst du davon?»

Manni schien von dieser Idee sehr angetan zu sein. Bevor ich ging, wollte er mir unbedingt noch etwas zeigen. In der rechten Ecke seiner Behausung stand ein Metallgerüst, das etwa 1,50 Meter groß war. Er zog aus einem Schrotthaufen einen Blechkopf hervor und schraubte ihn auf das

Metallgerüst. Aus dem Blechkopf hingen mehrere hundert Kabel herunter. Und eines der Kabel hatte einen Stecker, den Manni nun in die Steckdose steckte. Kaum hatte er das getan, leuchteten in dem Blechkopf zwei Lampen auf, die wie zwei Augen aussahen. Die Klappe am unteren Rand des Kopfes ging immer auf und zu. Man konnte, wenn man genau hinhörte, grunzende Töne vernehmen.

«Das ist mein ganzer Stolz, Joe», sagte Manni Münch. «Das wird der erste, wirklich mit menschlichen Zügen und Gehirn arbeitende Roboter sein. Beim nächsten Mal werde ich dir schon mehr bieten können.»

Manni strahlte und schien rundum glücklich zu sein. Wir verabredeten uns für den übernächsten Mittwoch. Da wurde es dann richtig spannend.

Es regnete und ich hatte nicht die allerbeste Laune. In der Agentur ging alles drunter und drüber. Pitter Müller hatte sich mal wieder fünf neue Touchscreenbildschirme zugelegt. Wozu, das wusste er selbst nicht so recht.

Alles, was blinkte und viel Geräusche von sich gab, musste Pitter haben. Koste es, was es wolle. Und das kostete. So viel, dass er mal wieder im Clinch mit seiner Frau lag. Man hörte das dann sogar drei Etagen höher in der Kantine. Denn seine Frau hatte die Hosen an. Als ehemalige Hotelkauffrau wusste sie mit Zahlen umzugehen. Alles durfte nichts kosten, alle Kunden waren schlecht, also mussten die Kunden büßen.

Durch die anfängliche Alleinstellung als Werbeagentur für Versicherungen war sie in der Lage, jeden Scheiß für Wucherpreise zu verkaufen. Und die Kunden spielten mit. Man musste ihn nur als Prävention umdeklarieren. Spezielle Bratpfannen wurden als Vorbeugungsmaßnahme gegen Übergewicht verkauft. Nur damit ließ sich fettfrei braten. Oder Gesundheitsartikel, die gar keine waren, wurden zu welchen. Die Geschäfte liefen allerdings nicht mehr so gut und die Konkurrenz schlief nicht. Und dann diese Touchscreens, die eigentlich keiner brauchte. Und Schuld war natürlich mal wieder ich.

«Sie müssen meinem Mann ausreden, dass er jeden Scheiß kauft, dafür sind Sie schließlich zuständig.»

Sie keifte in einer Tour. Dabei wurde sie häufig unflätig und es endete mit dem Standardsatz: «Dafür werden Sie ja schließlich bezahlt.»

Und sie fügte jedes Mal hinzu: «Verdammt gut bezahlt.»

Ich beschloss, mich nicht weiter aufzuregen und freute mich auf den heutigen Abend. Für diesen Tag hatte ich mir eine besonders unglaubliche Geschichte einfallen lassen.

Als ich bei Manni klingelte, hörte ich, dass es im Innern der Wohnung schepperte. Dann wurde mir die Tür aufgetan und ein Roboter hielt mir die Hand entgegen und sprach mich an:

«Wwwwwwillllkkoommmmen bei Münchs. Ich heisssse Ruuudiiii. Treeeeeten Sssssie ein.»

Es zischte, der Roboter drehte sich um und fiel über die aufgetürmten Ersatzteile.

«Hallo Joe», sagte Manni, «ist noch nicht das, was es sein soll, aber es wird. Du wirst schon sehen.»

Manni zog den Stecker aus der Dose und der Roboter lag reglos auf dem Rücken. Wir tranken Pils aus der Flasche, rauchten Filterzigaretten und plauderten. Es war so, als hätten wir uns in all den Jahren nicht aus den Augen verloren. Manni war wieder da. Und das war auch gut so.

«Pass auf,» sagte ich zu meinem Freund, «heute erzähle ich dir mal eine Story. Da geht es um Vollmond, um Wölfe und um Norwegen»:

Wenn du im November einmal nach Norwegen kommst, ganz hoch in den Norden, nach Tromsø, dann weißt du, warum man sagt: «In der Nacht ist der Mensch nicht gern alleine.»

Vom 26. November bis zum 21. Januar gibt es dort keinen Sonnenaufgang. Aber auch keinen Sonnenuntergang. Das ist in etwa so, als wenn man in ein Sonnenstudio geht, sich auf eine der Liegen legt, erst die Tür der Kabine, dann die Augen schließt und wartet, dass es hell und warm wird. Vergleichbar mit einer Magnetresonanztomografie. Und es klopft: *tocktocktock*. Du liegst dort, hörst nur dieses *tocktocktock*. Immer wieder. Monotones Geräusch. Und du siehst nichts. Schwarz, alles um dich herum ist schwarz. Dann hörst du Geräusche, die gar nicht da sind. In Norwegen, in Tromsø, hoch oben im Norden, soll das Julöl erfunden worden sein. Das Weihnachtsbier, das mit den vielen Umdrehungen. Denn das wärmt. Apropos Wärme: Mit einer Durchschnittstemperatur von 2,5 Grad Celsius ist es in Tromsø verhältnismäßig warm. Jedenfalls im Gegensatz zum Südpol. Tromsø diente im Zweiten Weltkrieg der Deutschen Kriegsmarine als Flottenstützpunkt für Überwasserboote. Gesehen hat man die Schiffe nicht. Warum allerdings ein Großteil des Straßensystems in Tunneln, die unterhalb der Stadt liegen, gebaut wurden, weiß kein Mensch.

Wenn du also als Wanderer jetzt im November nach Tromsø kommst, dann freue dich auf den Tag. Aber du kannst dich ja nur auf den Abend freuen, denn dort ist es im Prinzip im November nur Abend.

Und noch schlimmer, am 14.11.2005 um 00:12 Uhr herrschte in Norwegen eine Sonnenfinsternis. Aber nur eine ringförmige. Da freut man sich direkt auf den Vollmond. Dann jaulen sie auf, die Wölfe. Wölfe sind in Norwegen nicht sehr beliebt. Auch nicht in Tromsø.

Wenn man all das im Hinterkopf hat, weiß man, warum Wencke Möhre die Depression aus Norwegen mit nach Deutschland gebracht hat: *Think negative.*

«Beiß nicht gleich in jeden Apfel, er könnte sauer sein.»

Wenn wir nun mit unserem Wissen bezüglich der Dunkelheit in Norwegen, dem Text lauschen, wissen wir, wie er zustande kam. Wenn man in Norwegen Äpfel isst, aber nicht sieht, welche Farbe das Obst hat, braucht man sich nicht zu wundern, wenn man das Gesicht verzieht.

Ein zweiter Textauszug aus einem Werk von Wencke Möhre macht uns auch klar, warum im norwegischem Fußball Titel nicht an der Tagesordnung sind.

«Er steht im Tor, im Tor, im Tor und ich dahinter.»

Wahrscheinlich war es so, dass Wencke Möhre mit ihrer Anwesenheit den Keeper verwirrt hatte. Er spürte zwar die Anwesenheit der schönen Frau, konnte aber anhand der Dunkelheit nur ahnen, wo sie denn wirklich stand. Und schon stand es 2:0 und zwar für den Gegner.

Die Norweger sind dennoch ein lustiges Volk. In ihren berühmten Norwegerpullovern wanken sie aus den Kneipen und erfreuen sich der Dunkelheit. Halloween muss in Norwegen erfunden worden sein. Viele gruselige Gestalten auf einem Haufen. Und bei Vollmond kommt alles an den Tag, der in diesem Fall allerdings Nacht ist. Wenn der Mond sein volles Gesicht zeigt, dann gehen in Tromsø die Lichter aus. Der Mond erhellt die Herzen. Lichter am Ende der Tunnel oder heißt es am Ende der Tunnelse? Egal. Der Tromsøer an sich läuft dann zur Höchstform auf.

Man hört ihn auf den Straßen der Stadt singen «Der Mond ist aufgegangen, die goldenen Sternlein prangen, am Himmel hell und klar.»

Und wir, was machen wir im November? Richtig, wir fegen Laub. Die berühmt berüchtigten Kehrwochen sind wieder da. Viereckige Drahtgestelle, aufgestellt vom Umweltservice, welch ein Wort: *Umweltservice.*

Nach dem Motto: *Der hässliche Stahlcontainer vor Ihrer Tür wird Ihnen als Service von Ihrer Umwelt bereitgestellt. Bitte übernehmen Sie die Arbeiten, die sonst der Umweltservice erledigen müsste. Sonst ist die Umwelt irgendwann erledigt.*

November in Deutschland ist traurig. Da sitzt man gern am Ofen und liest ein schönes Buch von Daniela Katzenberger oder andere Horrorgeschichten.

Bis(s) zum Morgengrauen, Bis(s) zum Ende der Nacht.

Ich kann diese Horrorgeschichten nicht mehr ertragen.

Demnächst wahrscheinlich auch noch als Ruhrgebietsfantasy *Bis(s) die Tage – Erwin Koslowski, der fette Vampir aus Oer-Erkenschwick.*

Die Story ist ebenso einfach wie bekloppt:

Erwin, zwei Zentner Lebendgewicht, lebt ein Jekyll-und-Hyde-Dasein. Immer im November, wenn es Vollmond wird in Norwegen, dann erwacht er schweißgebadet aus dem Traum, geht zum Ikea-Schlafzimmerschrank, öffnet die Tür winkelförmig und greift hinter den Stapel Hansa-Rostock-Fanshirts und zieht ein schwarzes Trikot, Größe XXXXL mit der Aufschrift: *Vamp Erwin* hervor und anschließend sich an.

Dann öffnet er das Fenster zum Hof und schaut aus 18 Metern Höhe nach unten. Er setzt sich eine schwarze Maske auf, breitet die Arme aus und springt.

Im Krankenhaus angekommen, wird er vom Aushilfsarzt gefragt, warum er das getan habe.

«Weiß ich auch nich so genau, datt muss am Vollmond liegen.»

Mit gebrochenen Armen, die er vor sich herträgt, wird er mit dem Lastentaxi wieder nach Hause gefahren.

«Jedes Jahr die gleiche Scheiße, Erwin», empfängt ihn seine Frau Gertrude. «Kannst du nicht mal Schlafwandeln wie normale Menschen auch?»

Als Erwin Koslowski, mit beiden Armen nach oben zur Decke gestreckt, in seinem Bett liegt, schläft er ein und träumt von Norwegen im Winter. Dunkel ist es, ganz dunkel. Und der Mond strahlt über dem Ruhrgebiet, über Oer-Erkenschwick im Allgemeinen und über Tromsø im Besonderen.

Im Traum träumt Erwin, er würde träumen, aber das war bestimmt nur ein Traum. In Tromsø gehen derweil die Lichter aus und sofort wieder an, weil man dort im November eine Stromflat buchen kann, die lediglich gegen Mitternacht für eine Sekunde unterbrochen wird. Und in dieser einen

Sekunde, da ist es stockfinster im hohen Norden. Da aber der Vollmond leuchtet, merkt das dort kein Mensch.

Manni schlug sich vor Vergnügen auf den Oberschenkel.

«So einen Blödsinn habe ich in meinem ganzen Leben noch nicht gehört. Weißt du eigentlich, warum Schweine kein Fahrrad fahren», fragte er mich.

«Keine Ahnung, aber das wirst du mir jetzt wahrscheinlich sagen.»

«Genau! Weil sie keinen Daumen zum Klingeln haben.»

«Und ich kannte einmal einen gewissen Rainer Maria Frohböse, der bei Hochtief arbeitete und seine Lieblingssendung war Plusminus.»

«Schön blöd. Oder Stutenkerl.»

«Wachskerze», scherzte ich weiter, «die wächst ja gar nicht.»

Wir kalauerten uns durch den Abend. So richtig schön albern war das.

«Bei Facebook gibt es chatsungsweise 15 Millionen Schwervernetzte,» prustete Manni.

«Und ich entferne jeden Morgen meinen Bartwuchs mit dem iPhone. Mit der Rasierapp.»

«Schluss jetzt!», sagte ich, nachdem Manni auch noch anfangen wollte, Blondinenwitze zu erzählen.

«Na gut, aber beim nächsten Mal geht es weiter. Schönen Gruß an deine Frau. Wir sehen uns. Lass uns nächste Woche telefonieren.»

Ich verabschiedete mich von meinem alten Kumpel und entschwand in die laue Mainacht.

«Frohe Mainachten», kalauerte ich in mich hinein.

Auf dem kurzen Nachhauseweg zog hinter einer Hecke ein sogenannter Schamverletzer blank. Dabei fiel mir ein, dass ich am nächsten Tag für den Salat noch eine Schlangengurke besorgen wollte. Ich fragte mich, ob man einen Exhibitionisten, der im Bus oder in einer Straßenbahn sexuelle Handlungen an sich selbst ausübt, als Öffentlichen Nahverkehr bezeichnen würde. Ein amüsanter Abend klang aus.

Im Juni flogen Maria und ich für zwei Wochen in die Türkei. Wir wohnten in einem 5-Sterne-Hotel in Side. In der ersten Woche erwischte es meine Frau, nachdem sie in der Bar einen Cocktail mit frischer Milch und vielen Eiswürfeln zu sich genommen hatte. Sinnigerweise hieß der Drink auch noch *Sweet Revenge*. Nach drei Tagen ging es meiner Liebsten dann schon wieder besser.

Am darauf folgenden Freitag konnte man mit einem deutschsprachigen Reiseführer eine Fahrt ins Landesinnere machen. Zufällig führte der Ausflug auch in ein Dorf, das nur aus Teppichknüpfbetrieben bestand.

Wir waren erstaunt, als ein bekannter deutscher FDP-Politiker mit einem türkischen Teppichverkäufer feilschte. Letztendlich gab der Teppichverkäufer klein bei und der halbglatzige Volksvertreter hatte drei wertvolle Bodenbeläge zu einem Spottpreis erstanden. Er lächelte uns freundlich an, und als wir ihn in einer kleinen Bar wiedertrafen, erzählte er uns stolz, wie er den Teppichknüpfer über den Tisch gezogen habe.

«Ich habe gesagt, dass ich, also die FDP, dafür sorgen werde, dass die Türkei bei einem EU-Beitritt keine Ausfuhrsteuern für Teppiche bezahlen müsse. Das hat ihn überzeugt.»

«Und wie wollen Sie die Teppiche, ohne Zoll zu zahlen, nach Deutschland bringen?», fragte ich den Politiker.

«Ganz einfach», erwiderte er, setzte sich mit den erstandenen drei kleineren Teppichen auf den größten Teppich, stieß einen schrillen Pfiff aus und hob ab.

«Güle güle», verabschiedete er sich standesgemäß auf Türkisch und verschwand in Richtung der untergehenden Sonne.

«Das muss ich unbedingt Manni erzählen. Das wird er mir sicherlich nicht glauben», sagte ich.

Die nächsten Tage vergingen wie im Flug. Der Tag der Abreise nahte. Unsere Koffer und wir standen zur Abholung bereit und nahezu pünktlich wurden wir von einem Transferbus zum Flughafen transferiert.

An unserem letzten Urlaubswochenende fuhren wir mit Manni, Utz und Ape, einem weiteren ehemaligen Klassenkameraden, nach Zandvoort an Zee.

Die Sonne brannte uns auf die gestählten Astralkörper und das eine oder andere Bier in der Hitze ließ kaum noch vernünftige Gedanken zu.

«Holländisch», lallte Ape, «holländisch klingt so, als hätte man eine Halskrankheit. Passt auf: *De kat krabt de krullen van de trap.*»

«Und Piet Krediet woont hier niet», ergänzte Manni.

Auf der Rückfahrt kauften wir am letzten Supermarkt vor der Grenze die gesamten Schokovla-Vorräte auf und erreichten unsere trauten Heime am späten Sonntagabend. Wir brachten Ape zunächst nach Hause, fuhren zu Mannis Wohnung, verabschiedeten uns und fielen nach unserer Rückkehr bettschwer in das gleichnamige.

Die Treffen mit Manni wurden zu einem festen Punkt auf meiner To-Do-Liste. So auch am 24. September 2010.

Die sonnenreichen Spätsommertage neigten sich dem Ende zu und Regen und schlechtes Wetter waren angesagt.

Als ich diesmal auf Mannis Klingelknopf drückte, war ich gespannt, wer die Tür öffnete.

Bei unserem letzten Treff hatte sein Roboter Rudi kläglich versagt und war, nachdem er die Tür geöffnet hatte, sang- und klanglos in sich zusammengesackt und scheppernd zu Boden gefallen. Bis zum heutigen Treffen wollte Manni den Eisenmann wiederhergestellt haben. Und in der Tat.

Ich war erstaunt, als sich die Tür öffnete und Rudi, dessen Kopf blank poliert im Schein des Flurlichtes glänzte, mir seine rechte Metallhand entgegenhielt, meine fleischige Menschenhand vorsichtig drückte und mir einen schönen guten Tag wünschte. Manni hatte nicht zu viel versprochen.

«Kommen Sie herein, mein Herr, der Meister erwartet Sie bereits.»

Rudi deutete auf einen leeren Bierkasten, der zwischen den Elektroersatzteilen stand und sagte: «Bitte nehmen Sie Platz. Ich wünsche Ihnen einen angenehmen Aufenthalt, einen angenehmen Aufenthalt, einen angenehmen Aufenthalt ...»

Manni ging auf den Roboter zu und schlug mit einem Schraubenzieher auf den Hinterkopf. «Aufenthalt», erklang es ein letztes Mal und der Eisenmann entschwand und setzte sich in einen Haufen 9er-Dübel.

«Ich sollte den Schallplattenmotor doch austauschen», sagte Manni, «ansonsten läuft es schon runder als sonst.»

Ich war ganz angetan vom Fortschritt des Blechernen und lobte meinen Freund.

«Wie sieht es aus», fragte ich ihn, «kommst du am Montag mit nach Düsseldorf?»

Der VfL Bochum musste mal wieder zu einem der ungeliebten Montagsspiele in der Zweiten Liga antreten. Da es am Montag gegen die Fortuna gehen sollte, hoffte ich optimistisch, dass zumindest ein Punkt herausspringen könnte. Schließlich hatte die Fortuna ihre ersten fünf Zweitligaspiele allesamt verloren. Manni überlegte kurz, dann sagte er zu.

«Du musst dir aber erst noch die schöne Lügengeschichte vom Drogensuchhund Harry anhören, okay?»

«Okay,» erwiderte ich, «dann schieß mal los.»

Und Manni begann:

Der alte Harry war in die Jahre gekommen. Am 25. März 2008, nach acht Berufsjahren als Drogensuchhund, wurde er aus dem Dienst entlassen. Gemeinsam mit Sam, dem Minensuchexperten und Alfred, dem Alkoholschnüffler wurden sie in einer Feierstunde in der Kantine des Bundeskriminalamtes für ihre Arbeit geehrt. Sam erhielt das BKA-Lorbeerblatt in Bronze, Alfred die goldene Verdienstnadel und Harry, der Dobermann, bekam sogar das Bundesverdiensthalsband mit 24 Stacheln. Weiterhin erhielten die Diensthunde eine Urkunde und einen Präsentkorb von einem bekannten Tierfutterhersteller. Der Präsident des BKA hielt eine launige Rede und nach einem kleinen Umtrunk und vielen Streicheleinheiten ging es für die ehemaligen BKA-Hunde in Rente.

«Wie wird es weitergehen?», fragte sich Harry. Sein Hundeführer, Gus van Tecklenburg, hatte längst seinen Nachfolger eingearbeitet. Bereits seit vier Jahren wurde der Bernhardinerrüde Paulchen süchtig gemacht. Harry wusste aus eigener Erfahrung, dass die Einarbeitungsjahre die schwierigsten sind. In den ersten Monaten werden die Tiere in der Ausbildung mit weichen Drogen vertraut gemacht, danach kommen sie für längere Zeit an die Nadel und schließlich bekommen die Spürhunde immer mehr harte Drogen ins Futter gemischt. Danach sind sie in der Lage, jedes Körnchen Droge an jedem Ort in der Welt zu finden. Doch damit war für Harry nun Schluss. Aber wo sollte er unterkommen?

Das BKA hatte einen ehemaligen Stasitierarzt als Ansprechpartner für die Rentnerhunde engagiert. Walter Olbricht leitete in der damaligen DDR die Windhundestaffel *Karl Marx Zucht*, die die Minister in der kalten Jahreszeit während des Kalten Krieges in warmen Hundeschlitten durch die winterliche Landschaft zogen. Olbricht kannte sich mit Hunden aus. Schon damals schleuste er ausgebildete Spionagepudel in die BRD, um die tierischen Geheimdiensttätigkeiten des Klassenfeindes auszuspionieren.

Das war also Harrys Ansprechpartner, jetzt, in seinem neuen Hundeleben als Rentner.

Aber Harry hatte keine Hundezusatzrentenversicherung abgeschlossen, sodass er auf Hundesozialhilfe *PAL 4* angewiesen war. Wovon sollte er nun seine Drogen bezahlen? Denn Harry war süchtig. Er brauchte jeden Tag sein Quantum Spezial-Trockenfutter.

Walter Olbricht war nicht zu beneiden. Nicht nur, dass er Harry die Drogen besorgen musste, nein, auch Alfred, der Alkoholsuchhund, bestand auf einer Flasche Korn.

Noch schwieriger war es, Minensuchhund Sam bei Laune zu halten. Er benötigte weiterhin viel Auslauf. Und Olbricht ließ ihn Handgranaten und Panzerfäuste apportieren. Doch Sam war nicht mehr der Jüngste und eines Tages kam es in der Lüneburger Heide zu einer ungewollten Explosion. Schade, aber Sam detonierte während eines Probesuchens inmitten von Erika und Moos. Walter Olbricht war traurig, als er Harry und Alfred die Nachricht übermitteln musste.

Die beiden Hunde begannen bitterlich zu jaulen und ließen sich von Walter kraulen.

Harry bekam Gicht und wurde für drei Wochen in eine Reha-Klinik für gichtige Hunde geschickt. Alfred, der Alkoholsuchhund, war ob des Dramas mit Minenfahnder Sam in eine tiefe Depression gefallen und wollte nun gar nicht mehr saufen.

Das war seine Rettung. Von jetzt auf gleich war er auf Entzug. Als Harry aus der Reha zurückkam, hörte er von der Geschichte und auch er beschloss, den Drogen Adieu zu sagen.

Heute raucht der Dobermann lediglich noch ab und zu einen kleinen Joint. Walter Olbricht hingegen soll mittlerweile drogen- und alkoholsüchtig sein und erst in der letzten Woche hat er in einer ehemaligen Bundeswehrkaserne 80 Handgranaten erschnüffelt und unschädlich gemacht.

Hinter vorgehaltener Hand wird gemunkelt, dass man sich beim BKA bereits nach einem Nachfolger für Olbricht umsieht. Schade!!

«Schöne Story, Manni. Tiere und Kinder kommen nicht nur in der Werbung gut an. Aber mal ehrlich, das war ja wohl doch ein bisschen zu sehr aufgetragen.»

«Wieso?», fragte Manni, «Du kennst doch sicherlich aus deiner Kindheit Lassie, Fury, Flipper, Rintintin und wie die Viecher sonst noch hießen. Die Menschheit braucht Helden. Mittelmaß ist Mittelmaß. Die Mitte wird aber von den Parteien besetzt.

CDU ist die Partei der Mitte, die SPD ist die Partei des linken Flügels in der Mitte. Und die FDP ist die einzig wahre Partei der Mitte, die Grünen pendeln in der Mitte, die Piraten wollen die FDP aus der Mitte verdrängen und die Linke schielt mittlerweile auch auf die Mitte. Denen ist nur nicht bewusst, dass es keine Mitte mehr gibt.

Wie hat Wallraff so schön geschrieben: *Ihr da unten, wir da oben.* Die Schere klafft immer weiter auseinander.

Und darum muss das Stimmvieh bei Laune gehalten werden. Und ob der Held jetzt ein Bachelor ist, der nur schwanzgesteuert entscheidet oder eine Blondine, die alle Vorurteile bestätigt, oder ein Pferd, das anschließend zum Abdecker gebracht wird, all das ist vollkommen Wurscht. Uns werden täglich neue Lügengeschichten erzählt. Reines Ablenkungsmanöver. Aber ich rege mich nicht länger auf. Komm, lass uns noch ein Bier trinken gehen.»

So hatte ich Manni seit unserem ersten Wiedersehen im Mai noch nicht erlebt. Wir gingen an der Hildegardisschule vorbei, passierten das Café´Treibsand, das schon geschlossen hatte, und kehrten schließlich im Haus Frein, der Vereinskneipe des VfL Bochum ein.

Ein paar Pils später machten wir uns auf den Heimweg. Ich wollte Manni am Montag dann am Hauptbahnhof treffen, um zum Auswärtsspiel nach Düsseldorf zu fahren.

Als wir am Abend des 27.09.2010 kurz vor Mitternacht wieder in Bochum ankamen, waren wir rundum zufrieden. Die Wurst im Düsseldorfer Stadion hatte endlich mal wieder gut geschmeckt, aber, was noch wichtiger war, unser Team hatte das Spiel mit 1:0 gewonnen. Und gar nicht unverdient. Ich verabschiedete mich von Manni und legte mich nach meiner Rückkehr direkt ins Bett. Denn am nächsten Morgen musste ich wieder früh raus.

Mannis Bastelei an seinem Roboter machte Fortschritte. Rudi war mittlerweile in der Lage, kleinere Hausarbeiten selbstständig zu erledigen. Natürlich ruckelte es hier und da noch etwas. So hatte er in der letzten Woche die Gardinen vor die Tür gehängt und das Geschirr in die Waschmaschine gepackt. Immerhin benutzte er das Programm *Schonwäsche*. Ich war gespannt, wie Manni mit diesem Projekt weitermachen würde.

Am zweiten Samstag im Advent fuhr ich mit meiner Frau ins Ruhrpark-Einkaufzentrum, um die ersten Weihnachtseinkäufe zu erledigen.

Beim Discounter besorgten wir unter anderem Toilettenpapier. Einlagig, zwei-, drei- gar vierlagiges Papier stand in einer knapp acht Meter langen Reihe. Normal oder Recyclingpapier, die Auswahl war groß.

An der Kasse trafen wir Manni Münch. Er hatte eine große Dose Tabak und 200 Filterhülsen auf das Laufband an der Kasse des Supermarktes aufgelegt.

«Moin Manni», begrüßte ich meinen alten Kumpel.

«Moin Joe, moin Mary, das ist ja wohl was für 'n Arsch», sagte mein Freund und zeigte grinsend auf das 16er-Pack Toilettenpapier.

«Habt ihr noch Lust auf einen kleinen Absacker bei mir?»

Da wir nichts weiter vorhatten, sagten wir spontan zu. Mittlerweile hatte ich mich an das Chaos in Mannis Wohnung gewöhnt und bahnte mir den Weg durch sein Wohn-, Schlaf- und

Arbeitszimmer und setzte mich auf einen der vielen alten Röhrenfernseher, die überall herumstanden. Meine Gattin lehnte sich gegen die Wand neben den Tisch mit den Pürierstäben

«Wisst Ihr», sagte Manni, «als ich Euch vorhin im Supermarkt mit dem 16er-Pack Toilettenpapier gesehen habe, da fiel mir diese Geschichte ein. Sie klingt zwar unglaublich, aber so ist es tatsächlich geschehen.»

Und Manni begann mal wieder zu erzählen:

«Himmel, Arsch und Zwirn», schrie der dicke Mann, «in Deutschland wird viel zu wenig geschissen!»

Hubert Mackenzle, bekannt als *Der Lokuspapierfürst*, bekam einen knallroten Kopf. Die neuesten Verkaufszahlen lagen auf dem Tisch.

«So geht das nicht weiter», sagte er und rief anschließend seinen Marketingleiter Fritz Floskibowski an.

«Skibowski, sofort zu mir rein», brüllte der 52-Jährige in den Telefonhörer und legte auf.

Keine Minute später stand der Abteilungsleiter vor dem Schreibtisch seines Chefs.

«Was kann ich für Sie tun?», fragte er mit ruhiger Stimme.

«Das fragen Sie noch? Sehen Sie sich die Quartalszahlen an. Ein Gewinneinbruch ist das. Minus 37 Prozent. Wissen Sie, was das bedeutet?»

Mackenzle lief um seinen Schreibtisch und um seinen Marketingleiter herum. Immer wenn er das tat, war Gefahr im Nadelstreifenanzug. Floskibowski wusste, dass etwas geschehen musste.

«Wenn im nächsten Monat kein Aufwärtstrend zu beobachten ist, dann geht es für Sie ebenfalls abwärts, Skibowski», brüllte der Lokuspapierfürst.

Was tun? Den Trick mit der Reduzierung der Blattanzahl hatten die Verbraucher mittlerweile durchschaut. An der Breite ließ sich auch nichts ändern, da 98 Prozent der Toilettenpapierhalter gleich groß sind. Und unter der DIN-EN-ISO 12625 konnte man alles über das Reißverhalten und die Blattdicke im Stapel und die scheinbare Stapeldichte erfahren. Floskibowski geriet ins Grübeln.

Als er am Abend nach Hause kam, begrüßte ihn seine Frau mit den Worten: «Hallo, mein liebster Schatz, schön, dass du wieder daheim bist.»

Fritz Floskibowski schaute seiner Frau teilnahmslos in die Augen und erwiderte: «Ja, schön, dass ich wieder daheim bin.»

Er stellte seine Business-Tasche im Flur ab, zog seinen Mantel aus und ging sofort zur Toilette. Nachdem er sein großes Geschäft erledigt hatte, faltete er, bevor er sich den Hintern abputzte, das Klopapier wie immer von vier auf zwei Blätter, danach von zwei auf ein Blatt. So, wie immer. Verbraucherstudien hatten ergeben, dass die Mehrzahl der Arschabputzer so handelte.

«Wie bringe ich den Verbraucher dazu, zumindest sechs Blätter zu falten?», fragte sich der gestresste Marketingleiter.

«Fritzi», säuselte seine Frau und klopfte leicht an die Badezimmertür, «bist du bald fertig? Es gibt Chili con Carne, extra-scharf.»

Das war es. Floskibowski hatte eine Idee. Nach dem Abendessen ging Floskibowski direkt in sein Arbeitszimmer, um sich Notizen zu machen. Doch kaum saß er am Schreibtisch, da rumorte es in seinem Magen.

«Jaja», brummelte er in sich hinein, «Chili con Carne, das ist es.»

In dieser Nacht musste Fritz noch viermal zur Toilette. Und immer, wenn er sich den Hintern abputzte, musste er grinsen. Er hatte einen wahrlich scharfen Plan.

Gut gelaunt fuhr er am nächsten Tag ins Büro.

«Morning Lady», säuselte er seine Sekretärin Buzzy Ballermann an.

Die Blondine flötete zurück: «Morning Sir!»

Floskibowski machte sich direkt an die Arbeit. Der Konsument musste dazu gebracht werden, schärfer zu essen. Also wurden C-Wissenschaftler mit einer Studie beauftragt, die Floskibowski selbst erstellt hatte. In Interviews und Fernsehauftritten und Zeitungsartikeln mit diesen Möchtegernwissenschaftlern sollte den Konsumenten immer wieder eingetrichtert werden, dass ein schärferes Würzen des Essens, möglichst mit Chili-Produkten, gut für die Gesundheit sei.

Floskibowski war ein raffinierter Marketingstratege. In den letzten Jahren hatte er wahrlich gute Arbeit geleistet. Fernsehköche, Talkshowprofis, Schauspieler und Politiker, er hatte sie alle in der Hand.

Durch diverse Informationsreisen und großzügige Weihnachtspräsente machte er sich die Meinungsträger gefügig. Das war im PR- und Werbeetat der meisten Konzerne bereits mit eingepreist. Es war gar nicht so schwer, den Leuten das scharfe Essen schmackhaft zu machen.

Nach einem halben Jahr kletterte der Absatz von Chili-Produkten und damit verbunden auch der Absatz des Toilettenpapiers. Natürlich auch der Absatz des Toilettenpapiers der Mitbewerber. Jetzt galt es den sogenannten USP, also das Alleinstellungsmerkmal des Produktes, in den Vordergrund zu stellen, um Marktführer im Segment Hygienepapiere zu werden. Scharf und süß, so wollte Floskibowski seinen Coup vorbereiten.

«Wenn einem schon die Rosette brennt», so stellte er seinem Chef den Plan vor, «dann sollte als Ausgleich der Hintern so richtig gepflegt werden. Dazu bedarf es nur etwas Kamille und Spekulatiusgewürzaroma. Jetzt ist die Gelegenheit günstig.»

«Hat man Ihnen was in den Kaffee getan?», wollte Mackenzle wissen.

«Im Gegenteil. Wir werden mit geringem Kostenaufwand ein Produkt herstellen, das den

Konsumenten noch gefehlt hat. Wir machen es wie die Bekleidungsindustrie. Schauen Sie, den Miederwarenherstellern ist es gelungen, allein durch das Wort: *Multifunktionsbüstenhalter* den Umsatz zu steigern. Welche Multifunktionen ein Büstenhalter besitzt, ist zwar allen schleierhaft, wie Tests mit verschiedensten Probanden jedoch ergeben haben, erzeugt das Wort: *Multi* beim Verbraucher den Wunsch, das unbedingt haben zu wollen.

Nun gut, man kann ab einer bestimmten Körbchengröße den BH als Transportmittel für Einkellerungskartoffeln benutzen, aber das spielt nur eine untergeordnete Rolle. Apropos Rolle.

Wir müssen beim Verbraucher ein positives Image erlangen. So nach dem Motto: ein Multifunktionspapier kann uns nur gut tun. Und dazu müssen wir auch die Sinne des Toilettenbenutzers nutzen. Wir werden vor allen Dingen den Geruchssinn ansprechen.

Jetzt, kurz vor Weihnachten, werden wir unser Toilettenpapier mit Spekulatius-, Bratapfel- und Käsekuchenduft auf den Markt werfen. Allein dadurch wird der Toilettengang zu einem Wohlfühlerlebnis. Und wenn dann auch noch der Kamille-Effekt das Afterbrennen lindert, dann haben wir gewonnen.»

«Skibowski, Hammer!! Ich glaube, ich habe Sie unterschätzt. Lassen Sie uns sofort mit der Kampagne starten.»

Das Weihnachtsgeschäft brummte. Der Lokuspapierfürst war hoch zufrieden. In nahezu jedem zweiten Klo Deutschlands riecht es seitdem zu Weihnachten wie in der Weihnachtsbäckerei. Im Frühjahr gibt´s dann Apfelduft, im Sommer betören Rosen den Riechkolben und im Herbst geht das Weihnachtsgeschäft ja bereits los.

Und sollte einmal der Toilettenpapierumsatz einbrechen, dann wird halt wieder ein neues Magen-Darm-Virus auf den Markt geworfen. Außerdem tragen die berühmten Nebenwirkungen bei vielen Medikamenten dazu bei, die Menschen am Kacken zu halten.

«Wundere dich nicht», sagte Manni Münch zu mir, «wenn es auf meinem Lokus nicht riecht wie im Puff. Ich lasse mir von niemanden vorschreiben, wie ich mir den Arsch abzuputzen habe. Lass mich mal schnell durch, ich hab da so ein Brubbeln im Bauch.»

Diese Geschichte gab mir doch stark zu denken. Und so konnte man mich des Öfteren in der Pose des Denkers von Auguste Rodin auf dem Lokus sitzen sehen.

Weihnachten verbrachten wir im Kreise unserer Liebsten. Heiligabend ging es zu Mutter. Ähnlich wie *Dinner for one* zu Silvester gehört, sind Kartoffelsalat mit Würstchen bei Mama zur Einstimmung auf das Weihnachtsfest Pflicht. Es war mal wieder köstlich. An den beiden Feiertagen trafen wir dann auch den einen oder anderen buckligen Verwandten, den man im ganzen Jahr sonst überhaupt nicht sieht.

Der Alltag hatte uns bald wieder eingeholt und in der ersten Januarwoche hielt uns das Wetter immer noch fest im Griff. Mein erster Besuch bei Manni in 2011 stand an. Am Freitag, den 8. Januar, stand ich gegen 19 Uhr vor Mannis Wohnungstür. Kaum hatte ich angeklingelt, da öffnete mir Rudi, der Roboter, die Tür.

«Hallo Herr Pöhlmann, herzlich willkommen bei Manni Münch.»

Rudi konnte tatsächlich einen ganzen Satz fehlerfrei sprechen. Er sah jetzt auch schon etwas menschlicher aus. Manni hatte ihm einen Anzug angezogen und er fuhr auf Inlineskatern durch die Wohnung. Und zwar traumwandlerisch sicher, denn wenn man das Chaos in Mannis Behausung einmal gesehen hat, musste man sich wundern, dass ein Roboter in der Lage war, die winzigen freien Stellen auf dem Boden zu finden und unfallfrei zu navigieren.

Rudi fuhr zum Kühlschrank, öffnete diesen, griff nach zwei Flaschen Pils aus einer Bochumer Privatbrauerei, deren Namen ich nicht nennen möchte, da die Marketingabteilung keinen Druckkostenzuschuss (Product Placement) für dieses Buch gewähren wollte. Er rollte in die Mitte des Raumes, wo Manni einen Minibackofen abgestellt hatte und präsentierte mir das Etikett der Flasche und fragte: «Bochumer Bier, Holletauer Hopfen, Stammwürze 5,1 %, sind Sie einverstanden?»

«Donnerwetter Manni», staunte ich, «Rudi lernt schnell dazu.»

Ich sagte Rudi, dass er die Flaschen öffnen könne. Nach zwei lauten Plopps reichte er zunächst mir, dann Manni die Flasche.

«Wohl bekomm´s den Herrschaften», sprach Rudi und fuhr in seine Wohnecke, die Manni ihm hergerichtet hatte.

Der Roboter steckte seinen Stecker in die Steckdose, um am nächsten Morgen frisch aufgeladen zu sein.

Manni erzählte mir, dass sein nächstes Ziel sei, den Roboter menschliche Wahrnehmung und menschliches Handeln beizubringen.

«Dazu muss ich ihm natürlich das „Ja- und Neindenken" erweitern. Bislang kennt er nur 1-0-1-1-0-0 und so weiter. Er soll in absehbarer Zeit in der Lage sein, wie ein Mensch zu agieren.»

Unweigerlich musste ich an den Film *I Robot* denken und ich zuckte leicht zusammen.

«Keine Angst, mein Lieber», sagte Manni. Er schien meine Gedanken lesen zu können. «Ich kenne meine Grenzen.»

Im Laufe des Abends erzählte mir mein Kumpel, dass er sich seit mehr als zehn Jahren mit der Erschaffung Künstlicher Intelligenz beschäftige. Ihm fehle nur noch der letzte Kick.

«Künstliche Intelligenz ist gut und schön», sagte ich, «aber schau, die menschliche Intelligenz ist ja noch nicht einmal in der Lage, kleine Wetterschwankungen in den Griff zu bekommen.»

«Moment», fiel Manni mir ins Wort, «da gibt es folgende Geschichte.»

Ich ahnte, dass nun wieder Manfred Münchs wunderbare Welt der Lügengeschichten angesagt war. Und so war es auch heute. Manni setzte an:

Katinkas Mann war kurz Regenmacher. Die Geschichte der letzten Worte des Regenmachers Nabuco Katunke in der Soester Börde und ihre Folgen für den Klimawandel in Steppe, Tundra, Oder, Neiße, Scheiße und ihre Auswirkungen auf Hausratsversicherungen und Ausschlüsse zu überhöhten Abschlussprovisionen mit garantierter Verweigerung der vereinbarten Pauschalsumme, weil die letzte Rate der Versicherungssumme erst nach Beginn der Regenzeit auf ein Konto der Prodenzia-Versicherung und dadurch die selbige einging und insolwennschon insoldennschon pleite ging.

Waldemar Hirnschrott, der als Generalbevollmächtigter bei der Prodenzia-Versicherung beschäftigt war, hatte einen schweren Gang vor sich. Er wurde in die Hauptzentrale nach Canossa einberufen. Er war es schlussendlich, der zum Konkurs des seriösen

Sozietätsunternehmens ordentlich mit beigetragen hatte. Ausgerechnet Hirnschrott, der immer mal wieder zum Mitarbeiter des Monats gewählt wurde, weil er im Sinne der Versicherung etliche Leute im Sinne der Versicherung beraten hatte und dem Unternehmen dadurch zu Ruhm und Ehre verholfen hatte, hatte sich verzockt. Normalerweise wird Hausrat gar nicht – oder wenn überhaupt – nur durch einen Zuschlag, gegen Regen, ausgelöst durch Regenmacher, versichert. Doch in diesem Fall hatte Hirnschrott die Rechnung ohne den Wirt gemacht.

Nachdem es in der Soester Börde drei Monate lang nicht mehr geregnet hatte, bestellte Franz Hubertus von Wollenwanichdrübereden den nahezu unbekannten Regenmacher Nabuco Katunke zu sich auf sein Anwesen, auf dem er ab und an anwesend war. Und damit sein Anwesen nicht zum Unwesen durch die anhaltende Trockenheit verwesen sollte, ebenso wenig, wie der Doktor und das liebe Vieh und seine Frau, das unbekannte Wesen, das auf seinem Besen im Weserbergland auf seiner Schamanentour um weitere Esoterikjünger warb, vertrocknen sollte, ging es gegen Mitternacht, die Uhr stand auf 8 Uhr 30, ja, sie stand, rund.

Nabuco Katunke legte Woodstock 1 auf den Plattenteller und schon fing es an zu regnen. Sehr zum Unwesen von Hirnschrott, wegen des

Anwesens seines Klienten. Ahnte er doch nichts Gutes.

Und es regnete immer weiter. 40 Tage und eine Nacht in Bangkok.

Und als es endlich aufhörte, standen nicht nur Haus und Hof, sondern ganz Soest und die gleichnamige Börde unter Wasser. Marsch, Marsch. Es ging der Assekuranz an die Börse.

Böse, böse, dieses!!

«Manipulation, lieber Joe, alles eine Frage der Manipulation. Denk mal über Aluminium nach.»

«Aluminium?», fragte ich, «wieso über Aluminium?»

Manni lächelte und kramte einen Zeitungsausschnitt aus einem Stapel von Papier hervor.

«Schau mal», sagte er und tippte mit dem Zeigefinger auf ein Foto in der Zeitung.

«André Kostolany, ein wahrlicher Meister, der die Finanzmärkte wie kein anderer analysieren und manipulieren konnte.

Kostolany hat einmal gesagt: «Es gibt drei Phasen: Die Phase der Korrektur, die Phase des Stimmungsumschwungs und die Phase der Übertreibung.»

«Wenn man das für das außerbörsliche Leben, das schließlich ja auch noch stattfinden soll, anwendet, dann wird man Erfolg haben.»

«Wie meinst du das, Manni?»

«Wenn du heute in dieser Ellbogengesellschaft bestehen willst, musst du kämpfen. Wenn dir der ganze Konsumterror zuwider ist, lebe dein Leben, korrigiere deine Einstellung, schon wird deine Stimmung umschwingen, wahrscheinlich zum Positiven und letztendlich übertreibe maßlos. Hau auf die Kacke, rede dummes Zeug. Von hundert Leuten glauben 50 Leute, dass das stimmen könnte, diese Leute brauchst du, die anderen 50, die kannst du getrost vergessen. Lüge, was das Zeug hält. Lügner und Betrüger werden hofiert. Doch leider wird sich das alles fürchterlich rächen.»

So nachdenklich und wütend hatte ich Manni bislang noch nie erlebt. Wir diskutierten bis weit nach Mitternacht. Müde begab ich mich auf den Nach-Hause-Weg.

In unserem letzten Urlaub auf Lanzarote besuchten wir unter anderem auch die einzigartige Vulkanlandschaft im Naturpark Timanfaya. Ein überwältigender Anblick. Hier wird einem sofort bewusst, welche Urgewalten von einem Vulkan ausgehen können.

Ich begann mich mit dem Thema Vulkane etwas näher zu beschäftigen. Dazu besuchte ich in der Mendiger Laacher-See-Halle am 15. Januar 2011 das Eifel-Symposium, indem es um Vulkan-Gefahren in der Eifel ging. Höchst interessant. Doch für unseren nächsten Treff bei Manni wollte ich noch eine Schippe Hokuspokus obenauf legen.

Manni wusste von meiner Vulkanleidenschaft und war schon ganz gespannt, was ich ihm berichten würde.

«Du glaubst gar nicht, mein lieber Manni, dass in unmittelbarer Nähe die Menschen auf einem Pulverfass sitzen. In der Eifel wimmelt es nur so von ruhenden Vulkanen. Darum werden auch immer mehr Kriminalromane geschrieben, die an diesen Seen in der Eifel spielen. Und du glaubst nicht, dass es sogar Menschen gibt, die diese Krimiautoren am Liebsten auf den Mond schießen würden. Erst Regionalkrimis, dann Stadtkrimis, dann Straßenkrimis, Nebenstraßenkrimis, Hauskrimis, Wohnungskrimis, Zimmerkrimis, WC-Krimis. Und alles spielt natürlich in der Eifel. Genauso wie der nächste Krimi, der *Auf der Suche* heißt. Jetzt hör mir mal zu»:

Heute war der richtige Tag für meine Mission. Ich hatte einen dicken Wintermantel an und meine rote Mütze bedeckte das halbe Gesicht. Es war kalt in Monschau, bitterkalt. Laufenstraße 4, in Sichtweite des Roten Hauses, da musste es sein. In dem kleinen Einfamilienhaus wohnte der bekannte Eifelkrimiautor Gustav Schmitz. Ich klingelte. Ein Mann mit Vollbart öffnete die Tür.

«Was kann ich für Sie tun?», fragte er mich.

«Eifelsocken?»

Schmitz nickte.

Das reichte. Ich zog eine gusseiserne Pfanne unter meinem Mantel hervor und schlug dem Bestseller-Autor den Schädel ein. Er fiel tot zu Boden. Das war erst der Anfang.

Die große Suche ging weiter. Ich hatte eine Liste der bekanntesten Eifelkrimiautoren dabei. Ich musste sie alle umbringen. Wo man auch hinschaute. Hier, im Westen Deutschlands, wimmelte es nur so von Regional-Krimi-Schreiberlingen.

Eifelhammer, *Eifelgekeifel*, *Der Dauner Schneemann mit dem Hackebeil*, *Mord in Monschau* – *Der Senffabrikskandal*, *Vulkangedudel*, *Einer flog übers Hohe Venn*. Sollte es in der Eifel noch Orte geben, die nicht in einem Kriminalroman auftauchen, man müsste sie mit der Lupe suchen.

Als Nächstes stand Hannelore Kenntenich auf meiner To-do-Liste.

In all ihren Romanen tauchten mindestens 25 Katzen auf. Und diese Katzen wollten nur eins: Morden.

Also fuhr ich an einem verschneiten Samstagnachmittag durch die geheimnisvolle Vulkaneifel.

In Kelberg, am Ende der Hauptstraße in einer kleinen Hütte, so hatte man mir im Dorf erzählt, dort wohne die schreibende Katzenlady. Ich zog mir eine Catwoman-Maske über, setzte mir meine rote Mütze auf und stapfte durch den Schnee. Hannelore Kenntenich stand vor ihrem

Geräteschuppen und hackte Holz. Das Thermometer zeigte zehn Grad unter dem Gefrierpunkt an. Man konnte den Odem der Autorin schon von Weitem sehen. Ich schlich mich an die holzende Schriftstellerin heran, riss ihr die Axt aus der Hand, fauchte, miaute, rammte ihr meine Faust in den Magen, worauf Hannelore zusammensackte, legte anschließend ihren Oberkörper auf den Holzklotz und hackte ihr den Kopf ab. Dann öffnete ich die Tür zu ihrer Hütte und schoss auf die umher laufenden Stubentiger. Zunächst mit einer Handfeuerwaffe, danach warf ich Granaten und zum Schluss zündete ich den Schuppen an. Das gab Katzenstreu. Der Anfang war gemacht.

Als ich in mein Auto stieg, zog weißer Nebel aus dem Tal empor. Es schneite, Eiszapfen hingen an knarrenden Bäumen, ein Uhu uhute. Die Einsamkeit war spürbar, ein Wolf lief über die Straße. Auf meiner Fahrt in Richtung Schwammenauel begegneten mir gerade einmal zwei Autos. In Gedanken rechnete ich hoch, dass es in dieser Gegend mehr Windräder als Einwohner geben müsse. In Schwammenauel, dem bekannten Eifelausflugsort, hatte ich mich mit Jean Hückeshofer, einem weiteren Krimiautor verabredet.

Hückeshofer war durch seine brutale, aber auch skurrile Schilderung der Morde in seinen Büchern bekannt geworden. In seinem Hauptwerk *Reines Eifelwasser* bringt er seine Opfer grausam um, indem er sie zunächst fesselt, ihnen dann einen handelsüblichen Wasserschlauch in den Hintern steckt und den Opfern einen Einlauf mit 120 Litern reinem Eifelwasser verpasst. Die Opfer zerbersten schrecklich.

Ich hatte Hückeshofer in der letzten Woche angerufen und mich als Reporter der größten belgischen Boulevardzeitung vorgestellt. Unter dem Vorwand, dass wir für eine Story über Eifelkrimis noch Fotos von Tatorten, die in den Büchern vorkommen, benötigten, lockte ich ihn so an die Staumauer der Rurtalsperre. Auf dem Flohmarkt hatte ich vor geraumer Zeit einen Schiffsanker als Deko für den Hobbykeller erstanden. Doch das Teil konnte ich hier besser verwenden.

Pünktlich um 14 Uhr stand der Brutaloschreiber in der Mitte der Straße, die über den Staudamm führt.

«Herr Hückeshofer?», fragte ich.

Er nickte und ich stellte ihm zunächst die üblichen dummen Fragen.

Nach dem Motto: «Warum gerade Eifel, wieso immer junge Frauen, und weshalb so obskure Mordarten.»

Er beantwortete ebenso dumm wie ausführlich.

«Dann lassen sie uns noch ein Foto von Ihnen machen. Direkt hier, wie in Ihrem letzten Roman, als Kapitän Deppermann von seinem Mörder mit einem Anker um den Hals in der Rurtalsperre versenkt wird.»

«Gute Idee», erwiderte Hückeshofer und band sich bereitwillig das kiloschwere Teil um den Hals. Der Anker lag nun am Rande der Staumauer und ich bat den Eifelautor, sich noch ein Stück nach rechts zu begeben.

«Warten Sie mal», sagte ich und zog mir meine rote Mütze bis über die Ohren, «jetzt schauen Sie bitte über die Mauer hinweg nach unten.»

Kaum wandte er seinen Blick ab, ging ich zwei Schritte vor, schubste den verdutzten Mann ein wenig an, worauf er den Halt verlor und nur noch durch den umgebundenen Anker vor dem endgültigen Absturz bewahrt wurde.

«Helfen Sie mir», schrie er, so laut er konnte.

Doch er konnte schreien, so laut er wollte.

Wie man es aus Eifelkrimis kennt, ist in der Eifel immer gerade dann, wenn ein Mord geschieht, niemand in der Nähe, weil das Wetter mal wieder so schlecht ist.

Ich blickte über den Rand der Staumauer und sagte: «Das ist doch mal ein schöner Mord mit Aussicht», dann stieß ich den Anker von der Mauer und sah, wie Jean Hückeshofer mit einem «Aaaaaaah!» auf den Lippen seine letzte Krimiszene selbst spielte.

Nun hat er seine Rur, beziehungsweise umgekehrt. So langsam fand ich Gefallen an der Suche. Einen Krimiautor nach dem anderen meuchelte ich dahin.

Diane Kiefer, die Ihre Figuren im Rotlichtmilieu spielen lässt, erdrosselte ich mit einem Präservativ mit Noppen.

Henry Milesier, Spezialist für Eifelkrimis mit Vampiren, legte ich eine Giftschlange ins Bett. Seitdem schläft er tief und fest.

Hugo Morena, dessen Handlungen schon mal gerne klerikale Züge annehmen, erdolchte ich in einem Beichtstuhl in Mützenich.

Mittlerweile hatte ich 241 Autoren und Autorinnen erlegt. Doch die Suche war noch nicht zu Ende.

Eine Pressekonferenz, die eigens für mich, den neuen Helden, was Eifelkrimis anbelangt, einberufen wurde, sollte am 21. März 2013 stattfinden. Und zwar dort, wo eine Achterbahn und eine Rennbahn einst eine Hauptrolle spielten: Auf dem Nürburgring.

Das Presse-Echo war riesig und der Chef vom EKA (Eifeler Kriminalamt) schwelgte in höchsten Tönen von meinen Morden. Fast konnte man annehmen, er schreibe selbst Romane. Deshalb erschoss ich ihn vorsichtshalber in der Herrentoilette auf dem verwaisten Gelände, wo zu besseren Zeiten Autos sinnlos im Kreis umherfuhren. Als Deadline hatte ich mir den 21. September 2013 gesetzt. Bis dahin sollten alle Eifelautoren erledigt sein. Aber wie?

Nun ja, ich wusste durch einen Eifelkrimi, der auf Tatsachen beruhte, dass es in einem kleinen Dorf in der Nähe von Mechernich einen Stollen gab, in dem Munition aus dem letzten Krieg gehortet wurde. In einer Nacht- und Nebelaktion fuhr ich mit einem 21-Tonner auf das Gelände, brachte zunächst das Wachpersonal um und lud dann den Wagen mit Granaten, Splitterbomben und ähnlichem Gewäff voll.

In den nächsten Wochen fuhr ich nachts zu den Vulkanseen, um diese wieder mit neuem Leben zu füllen.

Nachdem sämtliche Seen vermint und mit Bomben und Granaten versehen waren, brauchte ich nur noch zu handeln.

An allen Seen warteten die scharf geschalteten Empfangssensoren nur noch darauf, gezündet zu werden. Und welcher Termin wäre geeigneter gewesen als der Abend des 20. Septembers 2013.

Denn mein Plan war der: An diesem Tag wurde der Deutsche Kurzkrimipreis *Tatort Eifel* vergeben. Und an solch einem Tag würden sicherlich alle bis dahin noch lebenden Eifelkrimiautoren anwesend sein.

Dann steige ich in einen Helikopter, schaue mir von oben noch einmal die karge, windgeplagte, einsame, dunkle Landschaft an, in der die Menschen wohnen, die nicht sehr gesprächig, aber dafür verschroben, katholisch und depressiv sind. Ich bete noch ein Eifel-Unser, bekreuzige mich und drücke dann auf einen roten Knopf und ...

Dann ist man wieder auf der Suche: nach dem Eifelkiller mit der roten Mütze.

«Tolle Geschichte. So verrückt, die könnte von mir sein. Aber wo wir schon bei Kriminalromanen sind, ich habe für heute Abend eine Pilzpfanne vorbereitet. Und das Rezept habe ich aus einem Kriminalroman.»

Manni stieß einen leisen Pfiff aus und Rudi, der Roboter, servierte uns ein leckeres Abendessen.

«Hut ab, Manni», sagte ich, «Rudi macht Fortschritte.»

Im Frühjahr 2011 war die Bewältigung der sogenannten Finanzkrise nach wie vor in aller Munde. Ich konnte mir diese Dummschwätzer und Möchtegernexperten in den Talkshows nicht länger reinziehen und verordnete mir selbst einen Monat Glotzenverbot.

Immer öfter griff ich jetzt zu einem guten Buch. Aber die Finanzkrise verfolgte mich trotzdem. Wäre ich konsequent gewesen, ich hätte auch keine Tageszeitung mehr lesen dürfen. Und so wollte ich Manni bei unserem nächsten Treff einen Spartipp vorstellen:

«So Manni», sagte ich, «den folgenden Spartipp gab es gestern auf LTV in den Finanznachrichten:»

«Gu na Da u He, wi mü spa, sov iss kl.»

Auf *gut Deutsch*: «Guten Abend, meine Damen und Herren, wir müssen sparen, soviel ist klar.»

Und das fängt beim Teer auf den Straßen der Republik an. Raucher werden nun verpflichtet, mindestens einmal pro Tag auf eines der vielen Schlaglöcher zu husten.

Selbst auf Buchstaben wird verzichtet.

Man stelle sich vor, es gäbe den Buchstaben L nicht mehr. Wir hätten kaum noch etwas zum Essen:

Ebensmitte.

Und beim teefonieren wird auch gespart.

Wer zuvie trinkt at.

Ein neues Kraut schießt aus dem Boden: *Avende*

Und Atbundeskanzer Koh hatte die Fick-Affaire am Has.

Aber allen Ernstes. Sparen wir uns doch die Griechen. Haben wir denen doch Jahrzehnte lang alles in den Drachmen gesteckt. Aber gerade die Griechen machen es uns doch vor.

Wer jemals an einer der antiken Stätten war, was hat der gesehen? Ruinen ohne Ende. Einfach mal nach Meck-Pom kucken gehen. Da wird auch gespart.

An Frisuren.

Viele Glatzen.

Und warum die Hände zum Himmel, wenn ein rechter gestreckter Arm reicht?

Zum Umzug benutzt der clevere Deutsche mittlerweile einen Leihwagen. Einen Van. Und kosten muss das nichts. Was spricht dagegen, wenn der Umzug von Mercedes Benz gesponsert wird. Einfach den neuesten Van am Wochenende ausleihen. Da passt die ganze Wohnungseinrichtung locker rein.

Mobil sein, heißt die Devise. Mit einem 3er-BMW zur Probefahrt nach Bayern.

Oder zur Beerdigung mit C & A. «Der schwarze Anzug war irgendwie doch zu eng. Den muss ich leider umtauschen.»

Der Verkäufer hat sicherlich Verständnis dafür.

Oder wenn die Handyrechnung nicht bezahlt werden kann, wirkt ein Gang zur Kirche Wunder. Diese geflochtenen Körbe mit den Spenden werden dir doch geradezu aufgedrängt.

Ein Gang zu Media Markt muss auch nicht blöd sein. Eine komplette Elektro-Kücheneinrichtung bestellen, 50 Euro anzahlen, einen 117-cm-Flachbildschirm, der stolze 1.800 Euro kostet, mitnehmen und die Herde, Kühlschränke und den anderen Scheiß an die Schlossstr. 14 liefern lassen. Zu Meierlings im ersten Stock. In das Haus, das letzte Woche abgerissen worden ist.

Oder wie wäre es mit Gratis-Angeboten beim Discounter? Was glauben Sie, wie der sich freut, wenn Sie den Gratis-Duplo-Riegel aus der Dose reißen oder die 200-Gramm Gratis-Waschpulver aus der Tonne abfüllen.

Und ein halber Meter Zahnpasta auf der Scannerkasse für Noppes ist auch nicht zu verachten.

Ein Griff in die Tonne hinter dem Lodl-Gebäude kann auch sparen helfen. Was glauben Sie, wie schnell der Discounter Ihnen die abgelaufenen Joghurtbecher ersetzt, wenn Sie mit einer auffällig versteckten Kamera und einem WDR-Anstecker am Anzugrevers an der Kasse auftauchen?

Oder zur nächsten Landtagswahl. Nutzen wir doch den Abholservice der Parteien. Da lass ich mich von den Grünen zum Wahllokal zum Frühschoppen abholen. Mittags zum Italiener kutschiert mich die CDU und kurz vor Schließung der Wahllokale können mich die Sozis dann knüppelhagelvoll, wie ich bin, wieder nach Hause fahren.

Sparen Sie sich jetzt den Applaus. Ihre Hände werden noch gebraucht. Denn eine Hand wäscht die andere. Bei manchem Metzger leider nicht. Da spart man sicherlich an der falschen Stelle.

Und wenn die Salmonellen bellen, dann war das nicht das Filetstück vom Schwein.

Manchmal trügt der Schein, doch häufig auch das Schwein. Welch Reim.

«Bra Jo», sparte Manni mit Worten.

Wir diskutierten noch lange über den Kapitalwahnsinn und beschlossen, zumindest unsere Wirtschaft zu retten, denn wir gingen noch zur Stadt, um in Hermanns kleiner Kneipe ein paar Pils zu schlürfen.

Der Sommer verlief recht harmonisch. Manni arbeitete weiter an seinem Roboterprojekt. Im August rief er mich an einem Donnerstagabend an:

«Mensch, Joe», rief er aufgeregt in den Hörer, «Du musst unbedingt vorbeikommen. Ich habe es geschafft.»

«Was hast du geschafft?», wollte ich wissen.

«Das kann ich dir am Telefon nicht sagen, es ist einfach unglaublich!»

Nach dem Abendessen ging ich dann zu Manni hinüber. Und was dann passierte, war wirklich unfassbar.

Als ich Mannis Behausung betrat, fiel mir auf, dass in der Mitte des Raumes ein kleiner Tisch stand. Manni hatte auch drei Campingklappstühle besorgt, die an diesem Tisch standen.

«Schön, das du gekommen bist, Joe», begrüßte Manni mich.

«Ja klar, du hast mich ja auch ganz schön neugierig gemacht.»

Mannis Roboter Rudi machte sich nun bemerkbar. Er kam aus seiner Wohnecke mit Rollerskatern auf uns zu. Er hielt mir zur Begrüßung seine rechte Hand hin und schüttelte sie leicht.

«Hallo, Herr Pöhlmann», begrüßte Rudi mich, «wie wäre es mit einem kleinen Spielchen?»

«Wie meint er das?», fragte ich Manni.

«So, wie er es gesagt hat», antwortete Manni, «mir ist es gelungen, ihm Skatspielen beizubringen. Aber setz dich erst einmal hin, dann wirst du schon sehen.»

Manni strahlte vor Stolz. Als wir am Tisch saßen, schnappte sich Rudi die Spielkarten und mischte sie ordentlich durch.

Ich war erstaunt, wie schnell er die Karten durcheinander brachte. Noch erstaunter war ich, als Manni, nachdem ich bis 24 gereizt hatte, nicht mitging und der Roboter bis 40 weiter reizte und schließlich Herzsolo spielte. Egal, wie geschickt wir uns anstellten, Rudi hatte immer das passende Blatt parat.

Er gewann alle Spiele, zeigte aber keinerlei Regung. Ein gefühlloser Spielomat. Nach zwei Stunden unterbrach Rudi schließlich das Spiel, da seine rote Kontrolllampe aufleuchtete. Das hieß: Strom nachladen.

Er rollte in seine Ecke zurück und verband sein Verlängerungskabel mit der Steckdose, um Energie zu tanken.

«Hut ab, Manni», sagte ich zu meinem Freund, «das hätte ich nicht gedacht. Es wird mir langsam unheimlich.»

«Da brauchst du keine Angst zu haben», erwiderte Manni, «ich habe ihn so programmiert, wie man auch einen Schachcomputer programmieren würde. Aber ich denke, in einem Jahr werde ich Rudi so weit haben, das man mit ihm noch ganz andere Sachen machen kann. Diese künstliche Intelligenz ist eine große Herausforderung für mich. Du wirst sehen, Rudi wird menschliche Züge annehmen.»

Ich dachte, dass das wieder eine von Mannis Lügengeschichten sei, aber als ich ein Funkeln in seinen Augen sah, war ich mir nicht mehr so sicher, ob er das nicht tatsächlich ernst meinte.

Der Sommer verging wie im Flug. Wir verbrachten unseren Urlaub auf dem Darß in Mecklenburg-Vorpommern.

Traumhafte Landschaft, unberührte Natur, saubere Strände und endlich mal wieder Luft zum Atmen. Wir hatten absichtlich eine Ferienwohnung gemietet, in der es weder Radio, Fernseher noch Internetanschluss gab. Anfangs war es eine totale Umstellung, doch nach drei Tagen stellte ich fest, dass es auch noch ein Leben ohne mediale Brachialgewalt gab. Nach unseren Tagesausflügen oder Strandbesuchen setzte ich mich abends auf die Terrasse und begann, mir schöne Lügengeschichten für Manni einfallen zu lassen. Auch Maria schrieb an einer Geschichte. Und an einem lauen Sommerabend lagen wir uns in den Armen, vor uns standen zwei Gläser, gefüllt mit feinstem Rotwein und wir erzählten uns gegenseitig einen wunderbaren Stuss. Und meine reizende Gattin begann:

Die Geschichte heißt: *Martin mit dem Hornhauthobel.*

In Düsseldorf lebte Martin Straubing in einer kleinen Mansardenwohnung. In der letzten Woche feierte er seinen 63. Geburtstag. Seit zwei Jahren war Martin Rentner, denn eine

Bandscheibengeschichte, die nicht mehr vollständig zu beheben war, zwang ihn zu diesem ungewollten Schritt.

Als er seinen Rentenbescheid bekam, fiel er fast in Ohnmacht. 521,23 Euro im Monat. Und davon gingen noch Krankenkassen- und Pflegeversicherungsbeiträge ab. Es musste was passieren.

Martin suchte nach einem Nebenjob, den er trotz seiner Krankheit ausüben konnte. Nachdem er seine kargen Ersparnisse zusammengekratzt hatte, machte er eine Ausbildung zum Fußpfleger mit dem Schwerpunkt Hornhautentfernung. Mittlerweile konnte man ja jeden erdenklichen Beruf durch schwachsinnige Zusatzbezeichnungen aufwerten. So gab es den Kraftfahrzeugmechatronikstationärsanierer, den Facilityjuniorcleaningpowerassistant oder gar den Grabengräber mit Prädikat.

Nach erfolgreicher Ausbildung mit bestandener Prüfung mit Auszeichnung durfte sich Martin Straubing nun fachlich und sachlich geprüfter Normfußpflegemeister mit Hornhauthobeldiplom nennen. Kaum hatte er das Diplom in der Tasche, inserierte er in diversen Frauenzeitschriften. *Martin mit dem Hornhauthobel besucht auch Sie zu Hause.* Ein Inserat, das einschlug wie der Blitz in die Kuh beim Melken. Martin konnte sich vor Anfragen kaum retten.

Seinen ersten und gleichzeitig letzten Hausbesuch wird er niemals vergessen.

Eine gewisse Comtesse Sophie von Kuchlings bat ihn um 20 Uhr in ihre Villa am Stadtrand in der Schlossallee. An der Haustür befand sich keine Klingel. Vielmehr hing an der massiven Eichentür ein Anklopfer. Es war ein kleines, nacktes bronzenes Männchen mit einem riesigen Hodensack, den man auf ein Metallschild fallen lassen konnte. Martin nahm den Sack in die Hand und klopfte an die Tür. Kurze Zeit später wurde ihm aufgetan. Martin Straubings Kinnlade fiel herunter. Dort stand, noch massiver als die Tür die Comtesse. Sie trug einen Hauch von Nichts, ein Tuch aus reiner Seide bedeckte ihren großartigen Körper. Doch der Körper war mehr groß als artig.

«Trete er ein», säuselte die Adlige ihn an.

«Aber ich», stammelte Martin, «ich dachte, ich komme wegen des Hobelns.»

Kaum hatte er den Satz ausgesprochen, so bereute er ihn auch schon, denn die fleischige Lady zog ihn an seinem Gürtel ungestüm in ihre Wohnung. Martin Straubing konnte gar nicht so schnell reagieren, da lag er bereits auf Sophie von Kuchlings Ottomane. Die Comtesse hatte inzwischen blank gezogen und fiel krachend zu Martin auf die sofaähnliche Sitzbank.

«So Schätzelein, dann zeig mir mal deinen Hobel.»

«Ich glaube, wir verstehen uns miss, Mrs.», meinte Straubing.

«Oh nein», antwortete die Lady, «wo gehobelt wird, da fallen auch Späne.»

Martin dachte sich «Augen zu und durch.»

Die adlige Dame war höchst angetan von Martins Hobelkünsten und ließ sich an diesem Abend noch dreimal behobeln.

Bevor sie Martin fürstlich entlohnte, bat Sie ihn um eine Rechnung mit ausgewiesener Mehrwertsteuer, da sie die Arbeit als Handwerkerrechnung steuerlich geltend machen könne.

Martin Straubing suchte das Weite. So hatte er sich seine Zukunft als Hornhauthobler sicherlich nicht vorgestellt. Angeblich absolviert der Frührentner zurzeit ein Fernstudium zum ayurvedischen Kamasutratrainer mit Schwerpunkt indische Knotentechniken.

«Jetzt mach aber mal einen Punkt», sagte ich zu meiner Frau. «Das war ja starker Tobak. Fast so dreist gelogen wie die Geschichte mit den Schlafsäcken für Mäuse.»

«Welche Schlafsäcke für Mäuse?»

«Du kennst doch die Frau Koslavkova. Genau, die wohnt ja mit ihrer Tochter auf der Küppersstraße. Und eben diese Tochter arbeitet in einer Präservativfabrik. Und die hat doch tatsächlich nach drei Monaten immer noch geglaubt, sie produziere Schlafsäcke für Mäuse.»

«Sehr witzig», meinte Maria, «eine Story hab ich noch.»

Kevin Meier saß vor seinem Schreibtisch und tüftelte an einer neuen App. Er war Softwareentwickler bei AppAppApp Solutions, dem größten deutschen Hersteller, der sich auf Applikationen für Smartphones spezialisiert hatte und Marktführer auf diesem Gebiet war. Erst im November 2012 erhielt die Firma den App-Award für Apps in der Kategorie Appinovations for Appochonder. Kevin Meier hatte dieses absolut überflüssige Teil entwickelt. Mit dieser App ist der User in der Lage, sich in Uppsala in Schweden morgens beim Biobäcker Brötchen zu bestellen, die nach 8 Tagen geliefert werden und dann als Kaninchenfutter im Trog landen. Außerdem kann diese App appwas, was andere Apps nicht können. Hält man das Handy in einem 48 Grad Winkel in 80 Zentimeter Höhe nach unten, zeigt es an, dass sich das Smartphone in einem Winkel von 48 Grad in 80 Zentimeter Höhe über der Erdoberfläche befindet. Man kann die Erfindung als durchaus sinnlos bezeichnen. Verliert ein Smartphonebesitzer zum Beispiel sein Gerät, kann man über ein zweites Smartphone mit einer App, die über eine Handysuchfunktion für Handys, die verloren gegangen sind und über eine App verfügen, die mit einer Kommunikationsschnittstelle für Handys mit Handysuchresponsefunktion ausgestattet sind, das Gerät orten. Mit einer Ortungsdatenapp, die aber nur für androidfähige Telefone entwickelt wurde, ist es dann möglich, nach Installation einer

Kilometerentfernungsapp den Fundort zu orten. Das funktioniert aber nur an Orten, an denen Ortung vom Netzbetreiber bedingt ordnungsgemäß geortet werden kann. Meier arbeitet zur Zeit an einem wegwerfbaren Mobilphone, das sich einem Bumerang gleich nach entsprechender Programmierung, die sich über eine Programmiersprachenapp selbst programmiert, so programmiert, um zum Wegwerfer zurück zu gelangen. Zum Weihnachtsfest gibt es als Zusatzapp zur Weihnachtsbaumlöschapp jetzt auch Wasser in Appform, die, wenn man das Smartphone in einen Eimer wirft, automatisch die Sprenkleranlage auslöst, die gleichzeitig eine App aktiviert, die die Feuerwehr ausrücken lässt. Ist während der Weihnachtszeit die Feuerwache unbesetzt, gibt es eine Software, die den Anrufer fragt: *Ja, wo brennt es denn?*. Mit der Wutendladungsapp können unflätige Worte wie *Flachwichser* oder *Pillemannarschloch* an Jugendliche über 18 Jahren, die sich mit der FSK-18-App freigeschaltet haben, über Zwitter und Faxbook in deiner Tube veröffentlicht werden. Eine automatische Appsolutionsapp für Beichtstühle in katholischen Kirchen steht kurz vor der Versündigung. Kevin Meier, der App-Meister lässt sich sein Frühstück virtuell intravenös einführen. Zum Mittagessen löst eine Hungerbeschleunigungsapp Appetit aus. Es gibt kaum noch Restaurants, die nicht über eine Kellnerandentischhol-App verfügen. Über die

Währungsumrechnungsapp für Cheeseburger haben sich in Nordfrankreich zwei Bergsteiger bei der Pyreneänumquerung nur mit einer Seilapp nach einem Absturz kennengelernt. Krankenhaussuchmaschinen für unterzuckerte Bienenstöcke stehen kurz vor der Vollendung. Der neueste Knaller aus dem Hause Appappapp ist eine Orgasmusvortäuschungsapp, die sowohl deutsch als auch französisch stöhnt. Über den Sinn einer philosophierenden Ethikapplikation haben sich britische Theologen zu einer Konferenz in Appenzell zusammengerottet.

«Das Ding an sich ist nicht schlecht», so Chefphilosoph Sowarkratestojewski, ein griechisch-paradoxer Paradigmenprediger aus Leidenschaft.

Als Kevin Meier nach 15 Stunden Entwicklungsarbeit die Firma per Gesichtserkennung verlassen will, Fehlanzeige. Eine Fresseveränderungsapp, dass sich als Pferd getarnt in einem Trojaner versteckt hielt, hat per Grippeschutzimpfung alle virulenten Viren virtuos verwirrt. Selbst mit der Virenentseuchungsapp hat Kevin kein Glück. Diese hat sich nach 14 Stunden automatisch vernichtet. Sollte jemand über sachdienliche Hinweise zur Rettung von Kevin Meier verfügen, diese bitte per Mail, Brief oder Paket zu Rudi Cerne nach Herne senden.

Manche Geschichten sind so blöd, dass man schreien könnte. So laut, wie der bekloppte Postbote in der Zolonda-Werbung.

Der Urlaub war leider viel zu schnell vorbei und so hatte uns der Alltag schon bald wieder eingeholt. Im Herbst verloren wir in der Agentur unseren größten Kunden im Zeitschriftenbereich. Ein Schwager des neuen Vorstandsvorsitzenden der Versicherung war Inhaber einer PR-Agentur, die plötzlich alle Ausschreibungen gewann und uns sozusagen raus schoss. Die Chefin gab natürlich mal wieder uns Mitarbeitern die Schuld. Aber dafür wurde ich ja bezahlt, verdammt gut bezahlt. Der November 2011 war mal wieder so ein November, wo ich mich freute, dass sich mein Kindheitstraum, Lokomotivführer werden zu wollen, nicht erfüllt hatte. Es kam zu diversen *Zwischenfällen im Gleisbereich*. So auch an diesem Freitagabend. Von Essen nach Bochum mit der Bahn in drei Stunden. Zu Fuß wäre ich wahrscheinlich schneller gewesen. So besuchte ich Manni erst nach der Tagesschau.

Kaum öffnete Manni die Tür, da vernahm ich ein Rauschen im Ohr. Rudi raste auf mich zu, griff meine linke Hand, küsste sie und sagte: «Küss die Hand, gnädige Frau, ich hoffe, Sie hatten einen guten Flug?»

Ich schaute Manni fragend an. Dieser schüttelte nur den Kopf und sagte: «Ich hätte die Festplatte nicht kaufen sollen. Sie stammt vom

Forschungsinstitut der Deutschen Lufthunsa. Ein Prototyp, der bei der Ankunft die weiblichen Passagiere durch die Zollkontrollen begleiten sollte. Zu fehleranfällig, daher habe ich die Festplatte auch so günstig bekommen.»

Manni drehte an Rudis Ohren und der Roboter legte eine Kehrtwende ein und verschwand genauso rasch, wie er gekommen war wieder in seiner Ecke.

«Da kommt noch viel Arbeit auf mich zu», meinte Manni und entfernte die Festplatte.

«Das wird schon werden, ich bin da guter Dinge», sprach ich meinem Freund Mut zu.

«Apropos guter Dinge», sagte Manni, «jetzt lass uns erst mal ein kühles Pils trinken.»

Er ging zum Kühlschrank und kam kurze Zeit später mit zwei herrlich kalten Flaschen guten Hopfens zurück.

«So, mein Lieber, jetzt muss ich dir mal was zeigen. Ich habe heute diesen Fernseher repariert.»

Manni zeigte auf ein Riesenteil, das in seiner Schrauberecke stand. «126-Zoll-Bildschirm. War gar nicht so einfach. Aber ich habe es geschafft. Pass auf, ich zeige dir mal, wie brillant das Bild ist.»

Manni schaltete den Fernsehapparat ein. Rasend schnell zappte er durch die Programme. *Der Supermanni* auf RTL, *Der weiche Hai*, eine Kochsendung mit Johan Laber auf SAT1, *Die Pannenshow* mit wahnsinnig lustigen Treppenstürzen und den dazugehörenden

Konservenlachern. Auf dem Wetterkanal lief der *Wetterbericht für die Region Vietnam und Umgebung* und der Kulturkanal Arte brachte einen chinesischen Stummfilm mit italienischen Untertiteln und einem einarmigen Gebärdendolmetscher aus Kasachstan.

«Das kann doch nicht alles gewesen sein», dachte mein Freund und landete schließlich auf dem History Channel. Eine Sendung, heute ausnahmsweise ohne Guido Knopf.

In lebensbejahendem Schwarz-Weiß zeigte man dort eine Talkshow aus den 1970er-Jahren. Davon könnten sich Änne Bill, Hugo Blasbeck, Marco Schwanz und die vor Lidzuckungen nur so strotzende Margot Iltis eine Scheibe abschneiden. Ausgerechnet Margot Iltis. Niemandem beim Zweiten scheint bislang aufgefallen zu sein, dass das ganze Gelabere in einer Magenta-Kulisse, die – so könnte man annehmen – von einem großen Telekommunikationsunternehmen, deren Vorstandsvorsitzendengattin Margot Iltis ist, gesponsert sein könnte. Aber diese Talkshow aus den 1970ern, die jetzt auf dem History Channel lief, die war so was von spannend, da konnte Manni nicht weg zappen:

Im Studio sitzen Hermann Kraft-Kerner, ein Moderator mit schwarzem Anzug und schlecht gebundener Krawatte, ein Spezialist für Atomfragen aller Couleur, ein gewisser Herr Strahlen aus Straelen und auf Seiten der

Atomkraftgegner ein seniler alter Herr aus der Lüneburger Heide namens Mertens.

Und dann geht es auch schon zur Sache:

Hermann Kraft-Kerner begrüßt seine Gäste und das Publikum:

«Guten Abend, meine Damen und Herren, und herzlich willkommen zu unserer Talkshow: Wohin, wenn nicht warum? Führt uns die Kernenergie langfristig aus der Energiekrise? Ich denke, das ist ein Thema, das uns alle bewegt (alle Personen bewegen sich). Nun möchte ich zunächst einmal unsere Gäste begrüßen. Zu meiner Rechten der Vertreter der deutschen Atomindustrie, Herr ...»

Der vermeintliche Experte unterbricht Kraft-Kerner, holt Aktenmaterial aus dem Koffer und sagt: «Strahlen aus Straelen ist mein Name.»

Er blättert suchend in seinen Unterlagen und zückt einen vergilbten Zettel hervor:

„»Ich zitiere: veraltete und ungebräuchliche Bezeichnungen für einen Atomreaktor sind: *Atommeiler* oder *Atomreaktor*, *Atomspaltwerk* oder *Kernspaltanlage*, ähnlich wie auch *Velociped* für Fahrrad oder *Aeroplan* für Flugzeug heutzutage in der deutschen Sprache nicht mehr verwendet werden.“

«Vielen Dank», sagt der Moderator, «äh würden Sie unseren Fernsehzuschauern bitte einmal sagen, welche Tätigkeit Sie ausüben, Herr Straelen?»

«Strahlen ist mein Name, Strahlen aus Straelen. Als Diplomingenieur bin ich ein objektiver, unabhängiger Sachverständiger in Fragen der Kernkraftwerke. Außerdem bin ich im Vorstand des Deutschen Atomforums, im Vorstand des RWE, Im Aufsichtsrat der VEBA, im Beirat der Badenwerke, Vorstandsvorsitzender ...»

Hermann Kraft-Kerner versucht den Experten zu unterbrechen.

«Danke, Herr Straelen, wie wir alle hören, sind Sie ein neutraler Beobachter.»

Gustav Mertens, der Sprecher der Bürgerinitiative, wird böse.

«Wenn einer schon so mit *Velociped* für Fahrrad und *Aeroplan* für Flugzeug anfängt, dann weiß man doch sofort, woher der Heidewind weht. Unabhängig wollen Sie sein? Wo Sie in so viele Vorstände sitzen tun. Da kann ich doch nur lachen. Hähähähä!!»

Kraft-Kerner zeigt auf Mertens und lächelt blöd in die Kamera.

«Und zu meiner Linken begrüße ich recht herzlich den Schäfer, äh ...»

«Mertens ist mein Name. Gustav Mertens. Ich bin 84 Jahre alt und der letzte Schäfer in der Lüneburger Heide.»

«Genau!», bestätigt Hermann Kraft-Kerner.

«Herr Mertens von der Bürgerinitiative: *Rettet die Lüneburger Heide*».

Er beugt sich zum Gast rechts neben ihm: «Herr Straelen, äh Strohlen.»

«Strahlen!!», empört sich der Lobbyist.

«Äh, Entschuldigung», stammelt der Talkmaster.

«Ja, Herr Staelen jetzt aber die erste Frage an Sie. Wie beurteilen Sie eigentlich die Angelegenheit mit dem Umweltforscher Klaus Traube?»

Strahlen lächelt süffisant:

«Tja, Traube, diese Pflaume, wissen Sie, wenn man sich schon mit Sympathisanten, Anarchos, Kernenergiegegnern und anderem Lumpenpack abgibt ...»

Der Schäfer ist außer sich und fällt Kraft-Kerner ins Wort:

«Beleidigen Sie einen 84-jährigen Atomkraft-äh Widersacher nicht, Sie mit Ihren merkwürdigen Wiederaufbereitungsanlagen. Wir Bürgerinitiativen, wir reden und reden und reden, während Sie ...»

«Handeln und handeln und handeln.»

Der Experte lässt sich nach hinten in den Sessel fallen.

Der Moderator dreht sich zum Atomwidersacher.

«Wie ich hörte, Herr, äh ...»

«Mertens, Mertens iss mein Name, ich bin 84 Jahre alt und der letzte Schäfer in der Lüneburger Heide.»

«Ich weiß», sagt Kraft-Kerner. «In Ihrer Bürgerinitiative sollen aber auch Frauen Mitglieder sein.»

Mertens: «Nicht nur das. Selbst der Bienenzüchter Sssssssss ...»

Strahlen und der Moderator klatschen in die Hände.

«Ssalomon und der Schweinezüchter Grunzmeier sind im Vorstand unserer Bürgerinitiative mit drin. Wir müssen dieses mörderische Atomprogramm der Bundesregierung mit der Sonnenenergie und die Aufbereitung von Schafskot nicht ...»

Der Atomexperte wiegelt ab und wird laut:

«Typischer Radikaler, der alte Herr. Er weiß genau, dass die Sonne nachts nicht scheint und – das muss einmal wertneutral gesagt werden – Schafskot stinkt!! Unsere Atomanlagen stinken nicht. Außerdem möchte ich wissen, ob jemals in einer deutschen Bäckerei radioaktiver Bienenstich verkauft wurde.»

Der Schäfer flippt aus:

«Aber die Schweine ...»

Moderator: «Wir wollen doch die Politik aus dem Spiel lassen. Wenn wir nun durch die Lüneburger Heide gehen und unseren Schweif blicken lassen, äh unseren Blick schweifen lassen, sehen wir heute noch nichts. Aber wie wird es 2010 aussehen, Herr Straelen?»

«Strahlen ist mein Name. Die Planung für 2010 sieht eine Entsorgungsanlage vor ...»

Mertens Kopf leuchtet knallrot.

«Von wegen Entsorgung!! Mist- und Mülldeponie.»

Strahlen bleibt ganz ruhig und setzt zum nächsten KO-Schlag an.

«... Entsorgungsanlage vor. Davon sind Sie, Herr ...», er wendet sich zum Schäfer.

«Mertens ist mein Name, ich bin 87 Jahre alt und das letzte Schaf in der Lüneburger Heide.»

Strahlen fährt fort: «...davon werden Sie sowieso nicht tangiert.»

«Tang was??», fragt der Bürgerinitiativler.

Strahlen: «Ich meine berührt!»

«Wieso nicht?», will Mertens wissen.

«Weil Sie bis dahin längst tot sind», sagt Strahlen aus Straelen und lächelt.

Der Schäfer fasst sich ans Herz, röchelt leise.

«Herr Kraft-Kerner, verweisen Sie diesen Wüstling in sein Schrankenhäuschen.»

«Sie Sympathisant, Sie Kommunist, Linker, Sie Radikaler», polemisiert der Experte.

Der Moderator versucht, das Gespräch wieder in ruhigere Bahnen zu lenken.

«Herr Straelen, wie sieht es denn mit dem Sicherheitsproblem der Wiederaufbereitungsanlage aus?»

«Strahlen aus Straelen. Sehen Sie, Herr Kraft-Kerner, das Sicherheitsproblem ist für uns kein Problem. Der Verhaltensforscher Lorenz ...»

Mertens unterbricht: «Der aus Berlin?»

Strahlen ärgerlich: «Ach, Unsinn. Der Verhaltensforscher Konrad Lorenz hat festgestellt, dass Tiere, falls sie eine Gefahr wittern, wie von der Tarantella gestochen aus den gefährdeten

Gebieten fliehen. Dadurch kann man sich teure Sicherheitsmaßnahmen sparen, und, falls eine Tierflucht beobachtet wird, kann die gesamte Lüneburger Heide binnen vier Stunden evakuiert werden.»

Mertens brüllt: «Nicht meine Schafe, die gehen dann in die Atomanlagen.»

Kraft-Kerner wendet sich an Mertens: «Wie viele Schafe haben Sie eigentlich?»

Mertens: «Keine Ahnung, ich zähl immer bis drei, dann schlafe ich ein.»

Strahlen mischt sich ein: «Außerdem haben wir Ihnen mehrfach angeboten, Sie mit Ihren Schafen nach Bayern umzusiedeln, Herr, äh ...»

«Mertens iss mein Name, ich bin 103 Jahre alt und der letzte Schäfer in der Lüneburger Heide.»

Kraft-Kerner sachlich: «84 Jahre!»

Mertens ist vollends empört: «Ich geh nicht ins Ausland!! Ich habe erst vor zwei Jahren meine erste humanitäre Anlage gebaut.»

Strahlen unterbricht: «Und ihre letzte!! Hähähä!!»

Mertens schlägt nun mit der Faust auf den Tisch: «Ich gehe nicht fort aus meiner schönen Lüneburger Heide.»

Strahlen wird zynisch: «Bedenken Sie doch den Zusatzeffekt durch Umsiedlungen. Dadurch werden bei der Deutschen Bahn AG doch wieder Arbeitsplätze geschaffen.»

Der alte Mann stöhnt, windet sich und fällt aus seinem Sessel: «Ich geh hier nicht weg», röchelt er.

Der Atomexperte beugt sich runter zum Schäfer und schnuppert: «Der stinkt nach Schafscheiße.»

Moderator Kraft-Kerner stellt fest, dass Mertens tot ist. Hektisch winkt er nach hinten.

«Schafft ihn hier weg, Kamera aus, Kamera aus. Sofort runter von der Sendung. Schafft ihn weg!!»

Der Atomexperte erhebt sich, steigt über den toten Atomkraftgegner, geht auf den Moderator zu und schüttelt ihm die Hand: «Herr Kern-Krafter ...»

«Kraft-Kerner», korrigiert Kraft-Kerner.

«Vollkommen egal», erwidert Herr Strahlen aus Straelen. «Vielen Dank, für die Möglichkeit, die Sorgen der Atomindustrie einmal sachlich darstellen zu können. Hier der Scheck. Wie vereinbart 75.000 D-Mark. Und wenn Sie mal beim Glücksspiel verlieren, kein Problem. Wir machen gerne wieder eine Sendung mit Ihnen.»

Die Schlussmelodie der Sendung ertönt, der Abspann läuft und man schaltet um nach Hamburg.

«Tja», sagte Manni, «das waren noch Zeiten. Da wusste man doch gleich, wo man dran war.»

Ich trank mein Pils aus und begab mich auf den Heimweg.

Der November war trüb wie ein November und der Dezember verabschiedete sich wie immer mit dem 31. Tag. Silvester. Wir hatten Manni, Gudrun und Horst, Peter, Ingo, Beate, Sylvia und die

Huber-Drillinge Kurt, Jean und Hilmar eingeladen. Wir wollten das neue Jahr gemeinsam mit einer kleinen Fete begrüßen. Es wurde viel gelacht an diesem kalten Abend.

Kurz vor Mitternacht klingelte es plötzlich an unserer Wohnungstür. Welch Überraschung. Udo und Franzi aus Aschaffenburg standen plötzlich und unerwartet auf dem Flur.

«Ich kann es nicht glauben», sagte Maria und fiel zunächst Franzi und anschließend Udo um den Hals.

«Wir wollten euch überraschen», lachte Udo, als er den Raum betrat.

«Das ist euch verdammt gut gelungen. Kommt rein.»

Es wurde eine schöne Fete. Um Mitternacht warfen wir dann unser trockenes Brot aus dem Fenster. Wir waren damit der Aufforderung „Brot statt Böller" gefolgt. Es krachte allerdings nicht gerade sehr laut, von der Illumination ganz zu schweigen. Bis in den frühen Morgen feierten wir den Übergang ins Jahr 2012.

Nach dem Neujahrsskispringen in Garmisch-Partenkirchen verließen uns die meisten Gäste. Lediglich Manni, Franzi und Udo blieben noch da.

Manni erzählte uns von seinem neuesten Projekt. Er arbeitete momentan an einem Staubsaugerroboter, der sogar die Treppenstufen herunterfahren und dabei reinigen kann.

«Er sieht gut aus und reinigt alles tipptopp», sagte Manni.

Udo, Manni und ich unterhielten uns noch eine ganze Weile über den Fortschritt der Technik.

«Es ist nur noch eine Frage der Zeit», meinte Udo, «bis sämtliche Finanzgeschäfte von Maschinen getätigt werden. Und dann Gnade uns Gott.»

Manni wurde plötzlich ernst: «Ich will euch mal was sagen», flüsterte er, «es ist wahrscheinlich schon viel zu spät. Und dagegen arbeite ich. Fieberhaft. Wenn es der Menschheit nicht gelingt, den computergesteuerten Finanzhandel einzudämmen, dann droht uns der Untergang. Aber der richtige, so mit Menschen, Tieren und Haut und Haaren. Wir sind gerade dabei, uns den Ast abzusägen, auf dem wir sitzen. Wenn ich schon die Herauf- und Herabstufungen dieser dämlichen Ratingagenturen sehe, wird mir übel. Wer bewertet denn da wen oder was. Es muss was passieren. Dringend!»

Manni holte zu einem Rundumschlag gegen den Spätkapitalismus aus. Er redete sich in Rage. Sein Gesicht war plötzlich knallrot, so sehr regte er sich über die Machenschaften der Raffgierigen auf. Nachdem wir noch die Reste des Kartoffelsalates und einige Bierchen weggezogen hatten, verabschiedete sich Manni, und Udo und ich begaben uns zu unseren Frauen, die im Wohnzimmer um die Wette strickten.

Der 2. Januar 2012 war ein Montag. Ein Arbeitstag. Alltag, jedoch nicht alltäglich. Als ich morgens in der Agentur eintraf, kam mir Olga, die Halbtagssekretärin, mit Migrationshintergrund polnischerseits, aufgeregt entgegen.

«Die Staatsanwaltschaft war da. Die haben alle Rechnungen, die an die Holenskisk Versicherung gegangen sind, beschlagnahmt. Die Müllers, die sind fix und fertig.»

In der Tat. So hatte ich die, meine Vorgesetzten, noch nie gesehen. Um 10 Uhr sollten alle Mitarbeiter im großen Besprechungsraum erscheinen. Als Schorsch, der als letzter den Raum betrat, die Tür hinter sich zugezogen hatte, bollerte Müllers Frau los.

«Also, was heute hier passiert ist, darf auf keinen Fall nach außen dringen. Wer auch nur einen Ton sagt, der fliegt. Ist das klar?»

«Was ist denn überhaupt passiert?», wollte Johann Lumb, der Außendienstmitarbeiter wissen.

Hanni Müller rastete aus: «Das geht Sie überhaupt nichts an. Sie mit Ihrem ewigen blödsinnigen Gequassel. Sie sollen lieber die Artikel an den Mann bringen. Wozu habe ich Sie eigentlich eingestellt? Sie sind Außendienstler, also gehören Sie in den Außendienst. Wenn Sie in den nächsten zwei Monaten ohne Umsatzsteigerung nach Hause kommen, können Sie sich auf was gefasst machen. Und das Herumtelefonieren hört ab sofort auf. Das ist ein Telefon und kein Dummlaberkasten.»

Lumb schluckte. Und Lumb kochte. Das sah man daran, dass sich ein kleiner weißer Speichelfaden zwischen Ober- und Unterlippe gebildet hatte. Und dieser Faden tauchte immer dann auf, wenn Lumb sich aufregte.

«Und putzen Sie sich gefälligst die Spucke aus dem Gesicht. Das ist ja ekelhaft», keifte die Chefin.

Mit rotem Kopf verließ der Gescholtene den Raum. Einmal in Rage geredet, holte die Müllersche zum Rundumschlag aus. Sie beschimpfte nahezu alle Mitarbeiter und schrie sich den Frust aus dem Leib.

«Unfähig sind Sie. Alle miteinander. Zu blöd, ein Loch in den Schnee zu pissen. Ich kann Sie nicht mehr sehen. Verschwinden Sie. Sofort ab an die Arbeit.»

Nach dem Mittagessen klingelte mein Telefon. Am Display leuchtete die Nummer 17 auf. Hanni Müller.

«Was kommt denn nun?», fragte ich mich.

«Herr Pöhlmann», säuselte sie an mein Ohr, «könnten Sie mir vielleicht den Toner wechseln? Der Drucker ist neu und ich weiß nicht, wie das funktioniert.»

«Ich komme sofort», erwiderte ich und lachte mich innerlich ins Fäustchen. Wenn hier in der Agentur einer blöd war, dann wusste ich genau, wer es war.

Die Staatsanwaltschaft war im Januar noch sechsmal zu Gast in unserem Hause. Man kannte sich, man respektierte sich. Wer in der Firma jetzt dachte, dass die Müllers erklärten, worum es eigentlich ging, der war schief gewickelt.

2012 war ein Schaltjahr. Das hieß, ein Extra-Arbeitstag. Der 29. Februar stand an. Wahrscheinlich knallten allein deshalb bei Hanni und Pitter Müller an diesem Tag die Sektkorken.

«Pöhlmann, komm mal in mein Büro», bat mich ein sichtlich gut gelaunter und mich immer dreist dutzender Firmenchef in sein Allerheiligstes.

Pitter Müllers Büro war das einzige mit eigener Toilette. Und außer Pitter notdurfte auch seine Gattin dort. Als ich das Büro meines Vorgesetzten betrat, kam seine Frau gerade aus dem Chef-Scheißhaus. Sie hatte wohl nicht mitbekommen, dass ich mich im Raum aufhielt. So verließ sie furzend das stille Örtchen. Als Hanni bemerkte, dass ich anwesend war, schrie sie ihren Mann an:

«Pitter, wie kannst du es wagen, Leute hereinzulassen, wenn ich, du weißt schon, was ich meine.»

Wütend verließ sie den Raum. Pitter Müller grinste und zeigte auf den Besucherstuhl, der vor seinem Schreibtisch stand.

«Gute Nachrichten, Pöhlmann.»

Er zog einen Brief aus der Tagespost und zeigte ihn mir. Wie ich dem Inhalt entnehmen konnte, war das Ermittlungsverfahren gegen die Firma eingestellt worden.

«Ehe man uns was anhängen kann, wird der Papst evangelisch.» Müller lachte und schlug sich vor Vergnügen auf den Schenkel.

Doch das Lachen sollte den Müllers bald vergehen.

In den letzten beiden Märzwochen nahm ich Urlaub. Ich hatte noch zehn Resttage aus 2011 und wie ich Müllers Frau kannte, würde sie mir die Tage streichen, wenn ich sie jetzt nicht nehmen würde.

Als ich am 18. März nach Hause kam, freute ich mich auf zwei ruhige Wochen. Wir fuhren mal wieder an die Nordseeküste nach Holland. Gerade jetzt, im nahenden Frühling, war die Luft dort besonders gut.

Als wir in Domburg in unserer Unterkunft eintrafen, staunten wir nicht schlecht. Unser Gastgeber, der Eigentümer der Ferienwohnung war, hatte uns zum Empfang einen großen Überraschungskorb gepackt. Holländischer Gouda, Holländischer Schokoladen-Vla, Holländischer Genever, ein Sixpack Holländischen Bieres und eine Dose Leipziger Allerlei, warum auch immer. Das Wetter spielte mit und so fuhren wir am Dienstag nach Middelburg, wo es einen schönen Wochenmarkt gab. Es waren erstaunlich wenige Touristen vor Ort. Das sollte uns nur recht sein. Nachdem wir uns die Stände angeschaut hatten, gingen wir in einen sogenannten Coffeeshop, um uns ein wenig auszuruhen. Nach zwei leckeren

Cappuccini und einem Joint zogen wir weiter und gingen in Richtung unseres Parkplatzes. Auf dem Weg dorthin fielen mir die vielen Ankündigungsplakate an den Laternenpfählen auf. Am Wochenende sollte im großen Gemeindesaal an der Sint Janstraat ein großer Elektronikmarkt stattfinden. In großen roten Lettern prangte *Roboter-Special* auf den Plakaten.

«Das wäre doch was für unseren Manni», sagte ich zu meiner Frau.

Und in der Tat. Der Elektronikmarkt hatte einiges zu bieten. Als wir gegen Mittag an diesem Samstag zum Parkplatz des Gemeindesaals fuhren, waren wir nicht allein. Das große Gelände war nahezu besetzt. Wir hatten Glück, dass wir nach einer Viertelstunde eine Parklücke fanden. Wir gingen zum Eingang, an dem sich eine kleine Schlange gebildet hatte. Plötzlich hörten wir eine Stimme, die uns sehr bekannt vorkam. Manni Münch höchstpersönlich stand keine drei Meter von uns entfernt und legte gerade einen 5-Euro-Schein auf den Tisch, um damit seine Eintrittskarte zu bezahlen.

«Haaallo, Manni», rief ich.

Manni drehte sich um und schien erstaunt zu sein, uns hier zu sehen.

«Ich wusste ja, dass ihr in Holland Urlaub macht, aber dass ihr ausgerechnet in Middelburg seid, das hätte ich nicht vermutet», sagte er. Wir verabredeten uns nach 17 Uhr auf ein lecker Pilsje.

Im Het Paardje, ist direkt gegenüber der Kirche. Schräg links vom Haupteingang. Tschüüss.»

Wir nickten und schlenderten durch den großen Saal, um uns die einzelnen Stände anzuschauen. Manni schritt derweil gezielt auf den Hinterraum des Gemeindesaals zu, in dem sich die Sonderschau *Roboter-Special* befand.

Kurz nach 17 Uhr setzten wir uns an einen der wenigen freien Tische, die vor dem Lokal standen. Zehn Minuten später tauchte dann auch Manni auf. Er setzte sich zu uns unter den Sonnenschirm, drehte sich eine Zigarette und lehnte sich zufrieden zurück.

«Und», fragte ich Manni, «bist du nun auf dem neuesten Stand der Robotertechnik?»

Unser Freund grinste zufrieden.

«Hammer, einfach Hammer», sagte Manni. «Wenn Ihr wüsstet, was ich gerade bestellt habe. Aber Ihr werdet es spätestens sehen, wenn ich die Teile verarbeitet habe. Ich sehe Rudi schon vor mir. Ich werde Großes erschaffen.»

Mannis Augen strahlten. Er erzählte uns noch viel über Kabel, Dioden, Stecker, künstliche Intelligenz und über eine Zukunft, in der Roboter eine große Rolle spielen würden.

Die hübsche holländische Kellnerin kam zu uns an den Tisch und nahm unsere Bestellungen entgegen. Es wurde ein langer Abend und Manni blieb über Nacht bei uns in der Ferienwohnung. Er wollte dann am nächsten Morgen früh aufbrechen. In unserem Feriendomizil angekommen, redeten wir noch ziemlich lange miteinander. Ich äußerte auch meine Bedenken, was passieren könnte, wenn der Roboterwahn weiter um sich greifen würde. Auch nicht auszudenken, wenn diese Maschinen außer Kontrolle gerieten oder in die Hände von Kriminellen gelangten. Manni beruhigte uns.

«Da sind schon genügend Sicherheitsmechanismen eingebaut. Heute auf der Messe war das auch ein Thema bei den Referenten. Wenn man die Maschinen vernünftig einsetzt, können sie uns nur helfen, nicht schaden. Überlegt doch mal, man könnte die Pflege von kranken und älteren Menschen durch intelligente Roboter verbessern. Als Reinigungskraft oder auch als Kochhilfe.»

«So eine Art Josef Laber für Arme», scherzte ich.

«Lach nicht, mein Lieber. Wenn man die Eisenmänner richtig programmiert, können sie bestimmt mit Sterneköchen mithalten.»

Maria erschien die Sache unheimlich.

«Also ich weiß nicht. Wenn man nun auch noch in der Lage wäre, diesen Maschinen Fleisch und Blut einzusetzen, ehrlich gesagt gruselt es mich bei diesem Gedanken.»

Nach etlichen Flaschen Grolsch gingen wir schließlich zu Bett.

Drei Wochen nach unserem Urlaub ging es auf der Arbeit weiter bergab. In der Agentur lief es gar nicht gut. In der Grafikabteilung wurde jetzt auch noch Lothar Heinemann entlassen. Nach fast 20 Jahren Betriebszugehörigkeit. Er hatte sich mit einer mickrigen Abfindung zufrieden gegeben. Nach dem Motto: *Nur raus aus diesem Puff.*

Zu Hochzeiten arbeiteten hier 29 Leute. Jetzt tummelten sich gerade noch acht Personen auf der riesigen Etage in den Büros. Es herrschte eine gespenstische Stimmung. Die Chefin war kaum noch zu ertragen. Immer wieder fluchte sie und beschimpfte die verbliebene Belegschaft mitsamt ihres Gatten, der nur noch in seinem Büro hinter dem riesengroßen Schreibtisch saß und wahllos im Internet umherirrte. Er wusste wohl selbst nicht so genau, was er da tat. Meist verschwand er gegen Mittag, um in sein Musikstudio zu gehen, das er in seinem Reihenhaus im Keller eingerichtet hatte. Er träumte davon, noch einmal einen Hit zu landen. Leider klangen seine Kompositionen so, als wären sie bereits zehnmal besser kopiert worden. Und die Texte strotzten vor Klischees.

Und seine Frau keifte immer weiter. Es war jetzt nur noch eine Frage der Zeit, wann der Schuppen dicht machen würde. Aber die Müllers waren stolz. So stolz, dass es ihnen niemals eingefallen wäre, den Laden in die Insolvenz gehen zu lassen. Eher hätten sie sich aufgehängt. Und so steckten sie Unmengen an Privatkohle in das Geschäft.

Am ersten Maiwochenende waren wir von Hiltrud und Jean zum Brunch eingeladen worden.

Ein Geburtstag stand an. Jean feierte seinen 58sten. Eine schöne Veranstaltung. Mein alter Kumpel lief uns immer mal wieder über den Weg. Wir hatten in der Schulzeit zusammen die Schülerzeitung produziert. Ich erfuhr, dass er in den letzten Jahren richtig Karriere gemacht hatte. Und nach einem dreijährigen Aufenthalt im benachbarten Frankreich arbeitete Jean nun wieder als Pharmareferent bei einer Leverkusener Chemiefirma.

«Ich bin als Hackfleischdesigner tätig», lachte er, «jetzt erst weiß ich, was man mit einer gesunden Prise Chemie produzieren kann. Das Auge isst man mit, auch wenn es aus Glas ist.»

Jean erzählte verrückte Geschichten, die er in den Laborküchen erlebt hatte.

«Und das Beste kommt erst noch. Wir sind kurz davor, die Produktion ausschließlich von Robotern steuern zu lassen. Da gibt es kein menschliches Versagen. Was passiert aber, wenn eine Maschine ausflippt?»

Da waren wir wieder beim Thema. Wir erzählten Jean von Mannis Leidenschaft. Er war sehr daran interessiert, Manni mal wieder zu treffen. Ich gab Jean Mannis Telefonnummer. Auf der Fete traf ich nach langer Zeit auch Rainer Grillbach mal wieder. Er war früher Klassenprimus. Wenn er bei einer Klassenarbeit in Latein einen Fehler machte, konnte man davon ausgehen, dass alle anderen Mitschüler den Fehler auch in ihre Hefte geschrieben hatten. Denn Rainer war der einzige Schüler, der Latein wirklich beherrschte. Dafür beherrschte der Rest der Klasse sämtliche Täuschungsmanöver und somit auch die lateinische Sprache. Apropos Sprache: So gesprächig hatte ich Rainer selten erlebt. Und seine neue Lebensabschnittsgefährtin Marlene hatte ich mir auch nicht so hübsch vorgestellt. Sie arbeitete als Model für den führenden Hersteller von französischen Markendessous. Und wenn ich bisher dachte, dass Manni Münch die besten Lügengeschichten erzählen würde, so hörte ich heute eine Story, die mich an meinem Urteil zweifeln ließ

«Ungelogen», sagte Marlene «auch wenn man es kaum glauben kann. Die Geschichte ist zwar unglaublich, aber wahr. Es ist die Geschichte vom Bettenfachverkäufer aus Köln.»

Und Marlene begann:

Als ich noch in Köln arbeitete, führte mich mein Weg ins Atelier immer am Bettenfachgeschäft von Horst Habermann vorbei. Und eines Tages wäre ich fast mit Rainers altem Freund Beppo zusammengestoßen, nachdem dieser den Laden nahezu fluchtartig verlassen hatte.

«Beppo», sagte ich, was ist denn mit dir los?»

«Was los ist, willst du wissen. Ich flippe gleich aus.»

Ich sagte: «Nun beruhige dich doch, lass uns erst mal einen Cappuccino trinken.»

Beppos Kopf war knallrot angelaufen. Er schien kurz vor dem Explodieren zu sein. Kaum saßen wir im Café Zürich an der Paulusgasse, da sprudelte es nur so aus ihm heraus.

«Marlene, dieser Habermann hat sie nicht mehr alle. Ich wollte doch nur ein neues Bett kaufen. Da denkst Du, der Typ zeigt dir die besten Modelle und berät dich seriös. Und was passiert? Nichts dergleichen. Als erstes sollte ich mich vor das Maßband an der Wand stellen. So nach dem Motto: Na. Kleiner, bist du denn schon wieder gewachsen. Dann stellt mich der Heini auch noch auf die Waage und jetzt kommt der Hammer. Fragt der mich doch tatsächlich, wie ich schlafe. Auf dem Rücken, auf dem Bauch, auf der Seite oder mit den Händen unterm Kopp. Da gucke ich mir den Habermann an und sage: „Geht es noch? Was geht dich das an, wie ich schlafe. Ob auf dem Bauch oder auf dem Rücken. Das geht dich gar nix an, verstehst Du? Ich will nur ein Bett, ein normales deutsches Bett. Mit einer bequemen Matratze und einem guten Federkern.»

Da schaut mich doch der Bettenprofessor fassungslos an und schreit: «Mein Herr, ein Bett kauft man nicht nur eben so. Ich bin Horst Habermann und nicht Fritze Ikea oder Bernd Roller. Wenn Sie ein Qualitätsprodukt erwerben wollen, bei mir, dem Spezialisten für Betten und Matratzen und Bettenzubehör und Betten- und Matratzenaccessoires für Bettenzubehör und Matratzenpflegematerialien vom Allerfeinsten, dann haben Sie gefälligst meine Fragen zu beantworten. Wenn Sie glauben, Sie komischer Schläfer, ich wäre auf meine Kunden angewiesen, so haben Sie natürlich Recht. Also, was wollen Sie nun?»

«Kannst du dir vorstellen, Marlene, dass ich nur noch eins wollte: raus aus dem Laden. Soll dieser Habermann doch in seinen Matratzen versinken, vom Lattenrost erschlagen, von Federkernen gewürgt und von Daunenfederkissen erstickt werden. Ich interessiere mich doch auch nicht dafür, wie dieser Habermann auf dem Lokus sitzt. Zu 40 Prozent auf der linken Arschbacke, zu 60 Prozent auf der rechten. Ich kaufe mir meine Betten nur noch online.»

Ich unterhielt mich noch eine Weile mit Beppo, um dann ins Atelier zum Fotoshooting zu gehen. Und kaum hatte ich das Studio betreten, da sah ich, dass in der hinteren Ecke des 55 Quadratmeter großen Zimmers eine Bettenlandschaft aufgestellt worden war, in der ich mich in verschiedenen Dessous postieren sollte. Als ich meine ersten Trend-Klamotten angezogen hatte, wollte ich mich ins Bett legen. Doch aus dem Hintergrund hörte ich eine Stimme *HALT!!* rufen. Ich drehte mich um und sah einen kleinen, modisch gekleideten Mann neben Jim Tapete, dem Starfotografen, stehen.

«Was heißt hier *HALT!!*», fragte ich.

«Ich muss vorher wissen, wie groß Sie sind, wie viel Sie wiegen, ob Sie auf dem Rücken schlafen oder auf dem Bauch. Schnarchen Sie, haben Sie Farbträume, wie lange schlummern Sie bei offenem Fenster ...?»

«Moment», sagte ich, «wer sind Sie überhaupt?»

«Mein Name ist Horst Habermann», antwortete der Bettenspezialist.

Ich zog meinen Stringtanga aus, hielt ihn Habermann unter die Nase, entledigte mich meines Pushup-BHs und verband Horst damit die Augen.

«Chanel No. 5, 4711, Eau de Pologne, Aldis Rache oder Bahndamm Spätlese?», fragte ich den Bettenmann.

«Öh, mh?», war die Antwort, «nein, ich will hier raus.»

Und dann war es doch noch ein schönes Fotoshooting.

Auf der Feier wurde noch die eine oder andere unglaubliche Geschichte erzählt und ich hätte mir gewünscht, dass Manni hier gewesen wäre. Aber es war auch so sehr lustig und kurzweilig.

Und es ging immer weiter mit Geburtstagen. Der 31. Juli 2012 war mal wieder so ein Tag. Und dieses Mal gab es sogar einen runden Geburtstag zu feiern. Walter Raspel, der Mann einer alten Schulfreundin von Maria, lud zum 60sten ein. Und alles, was in der Modebranche Rang und Namen hatte, erschien. Walter Raspel führte seit mehr als 30 Jahren vier schicke Modeboutiquen in NRW. Der Nachmittag verging wie im Flug und der Alkohol floss in Strömen. Bei 28 Grad im Schatten haut das schon mal den stärksten Zecher um. Bei einigen der Gäste machte sich das auch im Lallen bemerkbar. So leider auch bei mir, denn ich setzte zu einer Lobesrede auf das Geburtstagskind an:

«Liebe Gäste, Herr Präsident, allerliebster Walter, ich möchte hiermit ausdrücklich betonen, dass es mir eine Ehre ist, hier und heute sein zu dürfen. 60 Jahre, was sind schon 60 Jahre? 60 – und nun? Wer weiß schon, was mit 60 Jahren noch abgeht? Die Hornhaut vielleicht. Sie wird gehobelt. Und wo gehobelt wird, da fallen auch Späne. Hornhautspäne. Und was ist mit den Nasen- und Ohrenhaaren? Sie werden mit einem Nasen- und Ohrenhaarentferner hässlich aus den Öffnungen dieser Sinnesorgane heraus gerupft. Schmerzhaft dieses. Waren Ali Baba und die 40 Räuber über 60? Oder waren es 60 Räuber, die über 40 waren? Wie alt ist die Route 66? Und überhaupt, lieber Udo Jürgen Bockelmann: Wieso fängt das Leben erst mit 66 Jahren an? Fragt doch mal bei Brian Jones, Jim Morrison, Jimi Hendrix, Janis Joplin, Curt Cobain, Amy Winehouse an. Diese Personen werden sich wohl kaum die Frage: *27 – und nun?* gestellt haben.

60 ist eine zweistellige gerade Zahl. Es gibt die 60+-Generation. Aber wer ist das? Und vor allen Dingen: Was soll das? Werden wir nicht alle in irgendwelche Schubladen geschoben? Warum sollte ich mir mit 60 nicht einen Irokesenschnitt zulegen? Das passt nicht? Diese Form von

Haardesign ist vielleicht was für die 20+-People. Sagt man. Doch wer ist man? Wer sagt das? Etwa die Märkte? Wenn ich schon Märkte höre, werde ich nervös. Mit 60 Jahren beginnen viele, Kreuzfahrten zu buchen, Golf zu spielen und drohen, in Operetten einzuschlafen. Manche mögen sich gar sechsstündige Tanztheateraufführungen ansehen und können dem Gehopse sogar noch etwas abgewinnen. Aber das interessiert keinen Menschen. In der Zielgruppendefinition waren über 60-Jährige bis vor Kurzem gar nicht relevant. Außer für Prostatapillen und Blasentees. Seit es die Apotheken-Umschau – genau, die, nach der ich gezielt in meiner Apotheke fragen soll – gibt, haben die Werbefuzzies ein neues Betätigungsfeld erfunden, Silberpudel verarschen. Mit schwachsinnigen Nahrungsergänzungsmitteln. Allein schon das Wort Nahrungsergänzungsmittel bringt mich auf die Palme. Fahrt mal in die Entwicklungsländer – noch so ein Unwort – und erzählt denen was von Nahrungsergänzungsmitteln. Die braucht dort kein Mensch, weil in diesen Ländern kaum jemand 60 Jahre alt wird. Da muss nix ergänzt werden. Da muss erst einmal Nahrung hin. Und nicht nur die maschinell abgepflückten Hühnerköpfe und Krähenfüße, die hierzulande kein Schwein fressen würde. Mit 60 möchte ich vor allen Dingen gehört werden. Aber nicht als weiser, erfahrener Mann, sondern ich will, dass man mir zuhört. Und ich will zuhören. Ohne den Zeigefinger auf dies oder das zu positionieren. Und verschont mich mit anzüglichen Geschichten, die auf den Humorseiten der Pharmafirmazeitung stehen: *Fräulein, können Sie mir mal einen Blasen- und Gallentee brühen?* Ich will auch nicht mit dem Rauchen aufhören oder schlimmstenfalls auch noch anfangen, alkoholfreies Weizenbier zu saufen. Igittigitt. Ich will Spaß. Mit 300 km/h über die Autobahn brettern, den Bullen den Stinkefinger zeigen und Politiker abstrafen, die mich nicht ernst nehmen. Es sei denn, ich hieße Ernst. Aber Spaß beiseite. Denn Spaß muss sein. Aber kein Roberto-Blanco-Spaß: *Ein-bisschen-Spaß-muss-sein-Unfug.* Viel Spaß muss sein. Ich will die Spaßgesellschaft, von der immer alle geredet haben, die aber so nie existiert hat. Genießen, liebe Genossen. Ständig den Stromanbieter wechseln, Abos abschließen und vor Ablauf der Rücktrittfrist wieder kündigen. Bankkonten eröffnen, nicht zufrieden sein, einen Hunni kassieren, Bankkonto eröffnen, wieder von vorne anfangen, das Geld verjubeln, um Kredite aufzunehmen, die Schufa mit Anfragen nerven. Den Telekommunikationsanbieter wechseln. Und sich das Kleingedruckte im Shop vom Mitarbeiter vorlesen lassen. Und zwar alle Zeilen. Anschließend ein Beratungsprotokoll verlangen und den Laden verlassen. Ohne etwas zu unterschreiben. Wie, Wutbürger? Nein, ich mache nur den Scheiß nach, der mir vorgeplappert wird. Von roboterähnlichen Politmaschinen, die sich einen feuchten Kehricht um die Wähler kümmern, dumm schwätzen, sich bei Phrasendreschmaschinen bedienen, die so Sätze wie: *Wir müssen der kostenspezifischen Relevanz anhand von erektilen Dissonanzen nicht der dekorativ autorisierten Privatwirtschaft lumininell entgegenwirken. So wahr ich mir helfe*, seihern.

Dann will ich auf jeden Fall, von einem Rinderhodenextraktprodukt benebelt, einmal aus 25 Kilometern Höhe aus einer Rakete springen und ohne Fallschirm in Österreich einschlagen, um dort, als etwa 60 Jahre alter Meteorit unbekannter Herkunft, aus dem Mondsee, hinter dem die meisten Alpenländler wohnen, geborgen zu werden, um neben dem ollen Ötzi, der ebenfalls an Laktose-Intoleranz litt, als museale Sensation der neuen Ü-60 bestaunt zu werden. Und Schachtelsätze bilden. Schachtelsätze, ganz alte Schachtelsätze, für alte Schachteln. In der Kirche dem Kleingeldsammler den Klingelbeutel aus der Hand reißen, die Kohle in die Luft werfen und gen Himmel rufen: *Oh Herr, nimm, was du brauchst, was herunterfällt gebe ich den Armen.*

Und was ist mit der Rente? Die ist sicher. Also kümmere ich mich doch nicht um die Rente, schon eher um Rentiere. Tiere suchen übrigens auch gerne ein Zuhause im Hause der animalischen Alten. Da kann man schon mal einer Katze den Schwanz lang oder auch das Enkelkind mit den Ohren durch das Badewasser ziehen. Man will sich im Alter ja nicht noch verbrühen. Ach ja!! Und

Ärzte aufsuchen. Spezialisten mit Fragen bombardieren, bei Krankenkassen den medizinischen Dienst zwecks Pflegestufe antanzen lassen. Darüber hinaus öfter mal die Nachbarn nachts aus dem Bett werfen, um zu fragen, ob man auch schon mit 50 immer nachts schlecht schlafen kann. Ach ja, es gibt noch so viel Gutes und das sollten wir auch tun, sonst machen es die Generationen der 70-, 80- oder gar 90-Jährigen. Und diesen alten Säcken sollten wir auf keinen Fall das Feld kampflos überlassen. Es lebe das Alter, Walter! Weiße Bescheid.»

Applaus brandete auf. Was hatte ich getan? Es war mir peinlich, aber meine Gattin zog mich beiseite und flüsterte mir ins Ohr: «Hammer, das war der absolute Hammer.»

Ich errötete und begab mich schnell wieder unters trinkende Volk.

Nach den Sommerferien traf ich Manni zum ersten Mal nach langer Zeit wieder. Er stand am Bratwursthäuschen im Bermuda-Dreieck und versuchte, eine Currywurst zu bestellen. Seitdem man dort auch Pommes und anderes Imbissfastfoodgedöns bestellen konnte, dauerte es noch länger als zu den Zeiten, an denen es nur Wurst und Gurken dort gab. Als Manni mich sah, zeigte er auf die Mauer vor dem U-Bahn-hofseingang der Station *Engelbertbrunnen*. Hier traf sich die ganze Szene. Am Wochenende konnte es durchaus sein, dass man den einen oder anderen Bauern aus dem Sauerland in der Gosse liegen sehen konnte. Nach dem Motto: *Bauer ist blau, braucht keine Frau.* Als Manni Münch endlich mit seinem Schälchen, gefüllt mit zwei echten Dumpinghaus-Currywürsten, bei mir ankam, waren schon 25 Minuten vergangen.

«Mensch, Joe, was haben wir uns lange nicht mehr gesehen. Lass uns, wenn ich aufgegessen habe, ins *Café Konkret* gehen. Es gibt erfreuliche Neuigkeiten.»

Manni strahlte übers ganze Gesicht. Was war in der Zwischenzeit passiert?

Kaum saßen wir am Tisch im Nichtraucherbereich im hinteren Teil des Lokals, da sprudelte es aus Manni nur so heraus.

«Stell dir vor, Joe, ich habe sie endlich bekommen. Seitdem geht es rasant aufwärts mit meinem schlauen Rudi.»

«Moment, Manni», unterbrach ich meinen Freund, «wovon redest du?»

Manni berichtete von einem seltsamen Professor, den er auf einer Erfindermesse in Russland kennengelernt hatte. Ein gewisser Professor. Doktor. Julischenkow aus Wrodobolinkskowskowsisowakala, genannt Prof. Wrodo. Er war einer der besten Konstrukteure von künstlicher Intelligenz in der Roboterszene. Und dieser Wrodo arbeitete nun mit Manni zusammen an seinem Experiment namens Rudi.

Es war beängstigend, was Manni mir erzählte. Im Osten, so erzählte er mir, würden schon halbe Dörfer, in denen nur noch alte und gebrechliche Menschen wohnten, von Robotern betreut. Und diese Roboter hatten alle ein menschliches Aussehen. Sie waren nicht mehr von echten Lebewesen aus Fleisch und Blut zu unterscheiden. Ludmilla Bellosofa, die schon bei den Körperwelten-Ausstellungen für die Präparationen der Leichen zuständig war, erschuf im Auftrag von Prof. Wrodo diese ersten Prototypen. Wenn man sie von Weitem sehen würde, so Manni, glaubte man, dass es ersatzdienstleistende Jugendliche seien. Ludmilla Bellosofa war ein wahres Genie. Akribisch, bis ins letzte Detail – etwa indem sie Nasenhaare aus Katzenhaaren herstellte – bastelte sie an den begehrten Maschinen. Und der Professor steuerte die Intelligenz dazu bei. Es waren hoch technisierte Gestalten. Manni schlug mir vor, dass wir ihn am nächsten Sonntag doch einmal besuchen kommen sollten. Wir würden sicherlich überrascht sein. Ich sagte zu, verabschiedete mich von meinem Kumpel und fuhr nachdenklich nach Hause.

Als ich Maria am Abend von der Geschichte erzählte, tippte sie nur an die Stirn und sagte: «Das ist doch sicherlich wieder so eine wilde Lügengeschichte von Herrn Münch.»

«Das werden wir am Sonntag ja sehen», erwiderte ich, ging zum Kühlschrank, schnappte mir eine Flasche Bier und ließ mich in den Sessel plumpsen.

Im Fernsehen lief eine Science-Fiction-Serie aus Skandinavien. *Real Humans*. Eine Story über menschgewordene, außer Kontrolle geratene Roboter. Als ich die erste Folge gesehen hatte, bekam ich plötzlich ein mulmiges Gefühl. Hier wurde fiktiv das gezeigt, was Manni zurzeit in echt realisierte. Ich war gespannt auf den kommenden Sonntag.

Kurz nach neun Uhr klingelte der Wecker. Ich stand auf, machte mich frisch, um kurz darauf zum Bäcker meines Vertrauens zu düsen.

«Moin, Frau Schrippe, vier Normale und zwei Croissants bitte», sagte ich zu der adretten Bäckersfrau.

«Gerne, Herr Pöhlmann», antwortete die weiß gekleidete Dame und wünschte mir einen schönen Sonntag.

Als ich wieder zu Hause angekommen war, kam mir ein Duft von frischem Kaffee entgegen. Maria hatte draußen auf der Terrasse den Frühstückstisch gedeckt. Es war zwar ein bisschen frisch, aber man konnte es aushalten.

«Sag mal», fragte ich meine Frau, «was meinst Du, was Manni uns heute Abend präsentieren will?»

«Keine Ahnung», erwiderte meine Gattin, «lassen wir uns einfach überraschen.»

Ich hatte von Weiners Kiosk, der sich neben der Bäckerei befand, eine Sonntagszeitung aus dem Verlag Alex Sprengler mitgebracht. Natürlich nur wegen des Sportteils. Auf der Titelseite war ein Hund, genau genommen ein Boxer abgebildet, der einen blutverschmierten Kopfverband trug. Darüber prangte in dicken schwarzen Lettern die Headline: *Heino überlebte Sprung vom 10-Meter-Turm.*

«Das ist ja ein dicker Hund», meinte Maria und lachte sich schlapp. «Warte, nicht vorlesen, ich erzähle dir die Geschichte, wie sie vermutlich auch nicht war.»

Und Maria begann:

«Julia und Paul Christen hatten vor drei Jahren einen Hund aus dem Tierheim als Haustier erstanden. Unüblich für einen Boxer, hatte dieses Tier statt brauner jedoch weiße Haare. Außerdem hatte es rund um die Augen schwarze Ringe, etwa so groß, wie eine Brille. Von Weitem betrachtet sah das Vieh aus, als trüge es eine Sonnenbrille. Also nannten die Christens ihren Hund Heino. Er jaulte anfangs fürchterlich und rollte, wenn er knurrte, das *R*. Heino war aber ein friedliches und kinderfreundliches Tier und erfreute sich bester Gesundheit. Dazu trug natürlich auch die Familie Christen bei, die ihren Hund sehr liebten und ihn wie ihr Kind behandelten. Schon nach kurzer Zeit kannte er die Befehle *Sitz, Platz* und *Pfui*. Als er eineinhalb Jahre alt war, bekam er ein sehr gutes Zeugnis von der Hundeschule. Im Betragen erhielt er gar ein *Sehr gut*, die anderen Fächer hatte er mit guten Noten abgeschlossen. Nur im Fach Musik kam er über ein *Ausreichend* nicht hinaus. Stolz kam er am letzten Hundeschultag mit dem Zeugnis in der Schnauze nach Hause und legte es vor Julia Christen ab, die unter dem Solarium lag. Frauchen war ganz stolz auf ihren Liebling. Sie öffnete das Dach des Bräuners und setzte sich auf die untere Seite des Menschentoasters.

«Fein Heino, das hast du gut gemacht.»

Sie streichelte den Hund, der sie daraufhin von oben bis unten ableckte. Kurze Zeit später kam auch Paul Christen von der Arbeit heim, freute sich mit seiner Gattin über den schulischen Erfolg des Tieres und aus Dankbarkeit leckte er seine Frau von oben bis unten ab. Er beherrschte das perfekt, arbeitete er doch bis vor vier Jahren bei einer Regionalzeitung als Lektor.

Auch der Hund sollte nicht zu kurz kommen und so fuhr er noch einmal zur Metzgerei Mosek, die die besten Würstchen weit und breit produzierte. Er kaufte sofort 34 Stück der beliebten Krakauer-Wurst, die als einzige Wurst, die bei Metzgereien so beliebte DLRG-Auszeichnung erhalten hatte. Als er mit der großen Wursttüte vor Heinos Fressnapf stand, wartete der Hund bereits mit Messer und Gabel bewaffnet vor dem Blechgefäß und wedelte wie verrückt mit dem Schwanz. Immer auf und ab. Die Küche war nicht sehr breit. Als Paul Christen den Napf mit den knackigen Würstchen füllte, hatte Heino bereits eine vier Quadratmeter große Sabberfläche erschaffen.

«So, mein Lieber», sagte der Tierfreund, «ran an die Buletten.»

Obwohl es ja Würste waren. Der Boxerrüde jaulte auf und fraß die Leckereien binnen kürzester Zeit auf. Nachdem er gerülpst hatte, putzte er sich die Schnauze mit einem Stofftaschentuch ab, rannte ins Wohnzimmer und stupste Frauchen Julia mit der feuchten Schnauze an. Das hieß nix anderes als:

«Ich muss kacken, jetzt aber schnell.»

Julia Christen leinte ihr Tier an und schon waren die Geschöpfe Gottes auf der Wiese, die zu Nachbar Balzers Grundstück gehörte. Balzer konnte den Hund überhaupt nicht leiden, da das Tier jedes Mal, wenn er den Rasen frisch gemäht hatte, darauf sein großes Geschäft hinterließ. Und heute hatte Balzer den Rasen frisch gemäht. Gerade als die Hundehalterin den ordentlichen Haufen mit bloßen Händen in einen Spielzeugeimer, der ihrem Enkelkind gehörte, hineinlegte, sah sie nur noch, wie sich das Fenster zum Hof winkelförmig öffnete und der Lauf eines Gewehres sichtbar wurde. Nach wenigen Sekunden schlug eine Ladung Schrot, zuerst in Julia Christen, dann in Heino Christen, der den Nachnamen seiner menschlichen Eltern angenommen hatte, ein. In der Nachbarschaft, so Zeugenaussagen später, wurde ein lautes Jaulen vernommen. Nach kurzer Zeit war das Ganze bereits bei Youtube zu sehen und wurde innerhalb eines Tages bereits knapp 200.000 Mal angeklickt und eine eigene Facebookseite entstand, die, Tendenz steigend, über 23.000 Fans hatte.

Heino wurde ein Star, ein Internet-Star. Er bekam eine eigene Fernsehsendung, in der er Tiertrainern aufzeigte, wie man mit Hunden umzugehen habe. Auch wurde er nun oft in Talkshows eingeladen, wenn es um tierische Themen ging. Julia und Paul Christen konnten plötzlich von der Berühmtheit ihres Hundes leben. Sie kauften sich einen Schrottplatz, siedelten nach Amerika aus, Julia ließ sich die Haare blond färben, nannte ihren Mann Paul plötzlich nur noch *Robert* und dieser machte als Restauranttester die Pommes-Buden des Landes unsicher. Heino wurde eingekleidet von Lutschi Verutschi und das Hundefutter wurde als Spezialmischung in Drive-Inns für Tiere als *Happi to go* für teueres Geld verkauft. Der Boxer machte Werbung für einen Saatmittelpanscher, ein Erfrischungsgetränk aus Rindereierextrakt und bekam als erstes Tier der Welt den Orden *Wider dem menschlichen Franz* verliehen. Er wurde auch in Unterhaltungsserien eingeladen und war Telefonjoker bei *Der Doktor quält das blöde Vieh*, einer Quizsendung für Hundewelpen.

Das Tier hätte bis an sein Lebensende wie die Made im Speck leben können, wäre da nicht die Gier nach immer mehr gewesen. So wollte er unbedingt die Dog-Wow-Wok-WM, eine

Petersburger Hundeschlittenfahrt, gewinnen. Nach zwei missglückten Anläufen gelang es ihm schließlich auch.

Doch danach das abrupte Ende der Bilderbuchkarriere.

TTT - Turmspringen törichter Tiere, eine neue Unterhaltungssendung auf RTF plus. Nachdem Heino bereits in der Qualifikation den doppelten Auerbach mit gekreuzten Pfoten verpatzt hatte, musste er im letzten Sprung alles riskieren. Er wollte es nun allen zeigen. Noch nie war ein Hund rückwärts vom Zehn-Meter-Turm gesprungen. Und noch nie gab es einen gestreckten Kasatschitistan-Hebler mit fünffachem Rückwärtssalto und einer abschließenden Kasamak-Doppelschraube mit Rechtsgewinde. Es war mucksmäuschenstill im Hannoveraner Friedrich-Ebert-Gedächtnisbad. Der Boxerrüde duschte sich noch einmal kurz warm ab, sprang zwei Minuten mit dem Seilchen, um sich aufzulockern und erklomm dann die 48 Stufen zum Zehn-Meter-Turm. Rückwärts ging er bis an den Rand des Absprungpunktes. Er schaute sich noch einmal um, bekreuzigte sich dreimal und hüpfte mit den Hinterpfoten auf und ab. Dann bellte er einmal kurz, aber laut und das Schicksal nahm seinen Lauf. Heino rutschte mit der rechten Hinterhand aus, stürzte wie ein nasser Sack planlos in die Tiefe. Mit dem Kopf zuerst klatschte er auf das Drei-Meter-Brett.

Durch die Abfederung schoss er noch einmal vier Meter hoch, überschlug sich zweimal und krachte dann mit dem Hinterteil auf das Ein-Meter-Brett. Von dort aus katapultierte sich der muskulöse Hundekörper direkt in die staunende Menge der Kampfrichter.

Die Veranstaltung wurde sofort abgebrochen.

Fünf Kampfrichter und Heino, der Hund, liegen zurzeit auf der Intensivstation des Martin-Luther-King-Kong-Krankenhauses jenseits der Leine."

«So war es nämlich wirklich», sagte Maria, stieß mich an und lachte sich schlapp.

Nachdem ich den Artikel in der Sprengler-Gazette gelesen hatte, war ich mir gar nicht mehr sicher, wem ich mehr glauben durfte. Meiner Frau oder dem Sonntagsblatt. Die Zeitung berichtete über Themen, die die Welt nicht besser, aber auch nicht schlechter machten. Boulevard eben. Wer hat mit welchem Königskind geschlafen, warum hat Schauspielgröße Hugo Baldorf plötzlich dicke Lippen und wer kleidet den ehemaligen Radrennstar Rudolf Alltag ein? Die Umfragewerte der einzelnen Parteien waren mittlerweile unter aller Sau. Aber auch das wusste das Boulevardblatt zu übertünchen.

Ein Artikel erregte sicherlich die Gemüter. Unter der Überschrift: *Dreister Überfall im Erotikmuseum in Amsterdam. Diebe klauten Riesen-Penis von John Homes.* Es war ein Bild von einem erigierten Walpenis abgebildet. Man konnte aber auch wirklich alles übertreiben. Der Reporter berichtete in den schillerndsten Farben, wie die Ganoven sich nachts heimlich ins Erotikmuseum eingeschlichen hatten. In der hintersten Halle waren die verschiedensten Geschlechtsteile von Mensch und Tier in Reagenzgläsern ausgestellt. Unter anderem auch die angeblich längste Praline der Welt. Eben von diesem John Homes. Ich zeigte meiner Frau den Artikel, sie lachte und tippte mit dem Zeigefinger an ihre Stirn.

«Was wollen die denn damit?», fragte sie.

Ich schmierte mir gerade ein Brötchen, als es auf der Straße plötzlich laut wurde. Man hörte Bremsgeräusche und durchdrehende Reifen. Danach jaulte ein Hund auf. Ich blickte nach unten und sah, wie ein Boxerhund jaulend im angrenzenden Wald verschwand. Und der Tag hatte doch erst angefangen. Es sollte aber noch besser kommen.

Nach dem Frühstück ging ich ins Badezimmer, um die Wanne volllaufen zu lassen. In der Badewanne versuchte eine Spinne nach oben zu klettern. Sie rutschte jedoch immer wieder ab und landete auf dem Boden. Ich nahm einen Zahnputzbecher, holte ein Stück Papier und fing den Achtbeiner ein und entließ das Tier in die Freiheit. Es schien dankbar zu sein und krabbelte direkt die Häuserwand herunter. Ich ging zurück in die Küche und sagte zu Maria: «Ich habe dich gerettet. In der Wanne war eine riesige Spinne, die hab ich entfernt.»

Maria antwortete: «Das hast du der Spinne bestimmt auch gesagt.»

Ich wusste zuerst gar nicht, was mir meine reizende Gattin damit sagen wollte, doch dann fiel der Groschen in Form einer Fünf-Cent-Münze.

Der Abend nahte und wir machten uns auf den Weg zu Mannis Behausung. Pünktlich um 20 Uhr betätigte ich den Klingelknopf zu Mannis Wohnung. Ich war gespannt, wer uns die Tür öffnen würde. Nicht, wie ich vermutete, öffnete uns ein Roboter, nein! Eine sehr hübsche junge Frau mit langem blonden Haar hielt uns zunächst die Tür auf und dann die Hand entgegen.

«Willkommen, liebe Freunde», sagte sie und bahnte sich den Weg durch die herumliegenden diversen Einzelteile, die Manni benötigte, um seine Reparaturen zu tätigen.

Manni saß wie immer auf einem alten Fernseher und freute sich, als er uns sah.

«Schön, dass das geklappt hat. Ich muss euch noch meine Bekannte vorstellen.»

Er zeigte auf das hübsche blonde Empfangskomitee und stellte sie uns auch gleich vor.

«Das ist Ludmilla Bellosofa, ich glaube, dass ich euch beim letzten Treffen schon berichtet hatte, dass wir jetzt eng zusammen arbeiten. Ich bin für die Technik zuständig und Ludmilla sorgt dafür, dass meine Robots nicht aussehen wie Stahlgerüste. Schließlich bastele ich nicht an irgendeinem Rasenmäher, der dumm im Kreis herum läuft. Ich werde künstliche Intelligenz schaffen. Und Ludmilla verpasst den Superhirnen dann ein reales menschliches Aussehen. Den Kopf hat sie bereits in Arbeit.»

Manni Münch holte hinter einem Schrotthaufen aus Transistoren einen Schädel hervor. Hätte er es nicht gesagt, ich wäre zu Tode erschrocken gewesen. Es sah aus, als hielte er einen abgeschlagenen Kopf in den Händen. Ich spürte, wie sich auf meinem Rücken eine Gänsehaut bildete.

«Sie dürfen ihn ruhig anfassen», sagte Mannis Kollegin.

Maria griff vorsichtig an die Ohren und ich spürte, wie sie innerlich und auch äußerlich zusammenzuckte.

«Unglaublich, das ist, ja, das ist ..., stammelte Maria, « ...das ist nicht zu glauben. Wenn ich es nicht wüsste, würde ich glauben, das dieses Teil ein menschlicher Kopf ist.»

«Stark, gell», meinte Manni und er freute sich sichtlich über das Erschaffene. «Und das ist erst der Kopf. In einem halben Jahr dürfte es dann so weit sein, dass der Roboter fertig ist. Ich freue mich schon sehr.»

Manni präsentierte uns den ganzen Abend seine Pläne. Er wolle in den Seniorenmarkt einsteigen, humane Krankenpflegeroboter, Einkaufsroboter und Kinder-in-den-Schlaf-Sing-Roboter erschaffen.

«Vielleicht steige ich dann auch in den Erotik-Bereich ein. Wer nimmt schon gerne eine aufblasbare Gummipuppe, die kurz vor dem Orgasmus platzt. Oder wie enttäuscht sind einsame Damen, wenn sie die Batterie vom Dildo im Stich lässt. Aber das werden wir sehen. Es kommen vollkommen neue Zeiten auf die Menschheit zu.»

Manni referierte immer weiter. Ludmilla hatte sich schon verabschiedet und so saßen wir dann da in Mannis ungeordneter Ordnung und lauschten gebannt seinen Worten.

«Ich hole uns mal noch ein paar Getränke aus dem Kühlschrank», sagte meine Frau und ging in die Ecke, in der das Gerät, ein uralter Bosch-Apparat, stand.

Als sie die Tür aufmachte, vernahm ich einen spitzen Schrei.

«Was ist los?», fragte Manni.

«Der Schwanz», flüsterte Maria, «in dem Reagenzglas. Wem gehörte der?»

Manni schien die Sache peinlich zu sein und er versuchte zu beruhigen.

«Ähm, der ist nur ausgeliehen. Amsterdam, Erotik-Museum. John Homes.»

«Wie, ausgeliehen?», wollte ich genauer wissen.

«Ja, wie ich eben sagte. Erotik-Branche. Aber soweit sind wir noch nicht.»

Maria schüttelte den Kopf und schloss die Tür, nicht bevor sie noch einmal das Reagenzglas und dessen Inhalt ausgiebig betrachtet hatte.

Um Mitternacht verließen wir dann Mannis Wohnung und kehrten mit neuen Erkenntnissen zurück.

«Ich brauche noch einen Absacker», sagte ich zu meiner Frau und ging in die Küche.

«Bring mir doch bitte ein alkoholfreies Bier mit, das steht hinter dem Pimmel im unteren Fach.»

Wir mussten grinsen. Dann gingen wir müde zu Bett und träumten von einer neuen, braven Welt.

Und in der Tat, ich träumte und zwar ziemlich wirres Zeug:

Da stand ich nun einsam und alleine am Strand von Zingst. Die Sonne knallte auf meinen nackten Körper und ich zündete mir eine Zigarette an. Ohne Filter, selbst gedreht. Genüsslich sog ich an dem Tabakgewächs und inhalierte tief. Und dann passierte es. Als ich den Qualm wieder ausatmete, bildete sich eine blauweiße Wolke, die gen Himmel stieg. Die Wolke sah aus wie ein Scheich. Mit Bart und einem Turban. Plötzlich bildeten sich Hände und Füße und der Rauchscheich blieb auf Augenhöhe in der Luft stehen.

«Ich bin dein Zauberemir», hörte ich das Qualmmännlein sagen. «Du hast bis heute Abend 173 Wünsche frei. Aber bedenke eines: Du darfst nie Wunsch, Punsch oder Tanzkapellengedudel sagen. Denn dann werden sich all deine Wünsche wieder in Luft auflösen. Topp, die Zeit läuft.»

Ich schaute dem Scheich in die Augen und äußerte meinen ersten Wunsch.

«Ich wünsche mir eine Regentonne, die mit Felsquellwasser gefüllt ist.»

«Sollst du haben», antwortete der Beturbante.

Und schwuppdiwupp!! Schon stand eine gefüllte Regentonne, bis zum Rand mit Wasser gefüllt, vor mir. Ich wünschte mir Bratwurstschnecken, Hinterreifen für mein Fahrrad, eine Schrebergartenlaube, zwei weiße Zwergkaninchen, einen Würfel mit Fragezeichen und wusste nach 103 erfüllten Wünschen kaum noch, was ich mir sonst noch wünschen sollte. Ich rief Maria zuhause an und erzählte ihr von der Geschichte. Sie konnte es kaum glauben.

«Ich brauche noch einen Mikrowellenultrareiniger mit Salmiak plus und eine Flasche Terpentinersatz, mein Schatz», rief sie in den Hörer.

Ich nannte die Sachen und bald schon verfügte meine Frau über das, was sie unbedingt schon immer haben wollte. Nun näherte sich der Abend und ich hatte fast alle meine Wünsche geäußert und auch erfüllt bekommen. Nur noch vier Wünsche waren frei. Als ich krampfhaft überlegte, was ich unbedingt noch benötigte, sah ich plötzlich, wie der Scheich in Rauchform wieder vor mir stand. Er hatte ein Transistorradio in der Hand und auf dem Sender lief grauenhafte Volksmusik:

«Komm doch mein liebster Schatz,
in meinem Bett ist noch Platz.
Hast schließlich nur mich,
mein Schatz, ich liebe Dich!
Und ist das Leben auch hart,
du bist so zärtlich, gar zart.
Wie groß meine Liebe auch ist,
ich hoff, dass du mich nie vergisst.»

Ich bat den Emir, dass er das Radio ausmachen möge. So geschah es. Jetzt hatte ich nur noch drei Wünsche frei.

«Na gut», sagte ich, «dann möchte ich noch einen Wunsch, einen Punsch und Tanzkapellengedudel.»

Alle meine Wünsche waren plötzlich verschwunden. Ich stand splitternackt am Strand von Zingst. Immer mehr Menschen strömten auf mich zu, zeigten mit den Fingern auf mich und lachten. Als ein Pittbull auf mich zulief, suchte ich das Weite. Ich stolperte und stürzte mit dem Kopf auf einen Stein.

Als ich die Augen öffnete, stand meine Frau vor mir, blickte auf mich hinunter und sagte: «Also, mein Lieber, da musst du ja einen schönen Albtraum gehabt haben. Fällst einfach aus dem Bett. Wo gibt es denn sowas? Beruhige dich erstmal. Und falls du einen Wunsch hast, lass es mich wissen.»

«Ja», antwortete ich, «mein Wunsch: bitte koch mir einen Punsch und suche mir einen

Radiosender, der den ganzen Tag Tanzkapellengedudel spielt.»

«Du solltest zum Arzt gehen, anscheinend hat dich der Sturz aus dem Bett etwas verwirrt.»

Kurz vor Weihnachten 2013, es war bitterkalt, da traf ich Manni Münch im Baumarkt an der Hüttenstraße.

«Hallo Manni», begrüßte ich meinen Freund, «es ist aber sehr laut hier.»

«Kann gar nicht sein, hier spricht nur der Preis.»

Ich blickte in Mannis Einkaufswagen, der mit den unterschiedlichsten Elektrosachen vollgepackt war. Ich bemerkte, dass alle Stecker abgeschnitten waren. «Wieso haben die Teile alle keinen Stecker?», wollte ich wissen.

«Weil in der Werbung gesagt wird, dass es 20 Prozent auf alles gibt, was keinen Stecker hat», antwortete Manni und lachte sich schlapp.

«Na hoffentlich sieht das die Kassiererin genauso.»

Als wir an der Kasse angekommen waren, legte Manni den Inhalt seines Einkaufswagens auf das Laufband und die nette junge Dame scannte alles ein.

«Das macht genau 324,45 Euro», sagte die Kassiererin und reichte Manni den Bon.

«Moment», meinte Manni, «da gehen noch 20 Prozent runter oder sehen Sie irgendwo einen Stecker?»

«Nee, da haben Sie recht, geben Sie mir noch mal den Kassenbon, ich gebe das dann noch einmal ein.»

Tatsächlich erhielt Manni seine zwanzig Prozent auf alles. Sogar auf Tiernahrung, denn er hatte im Beisein des Filialleiters eine der 25 Dosen Katzenfutter geöffnet und diese genüsslich verspeist.

Ich fragte meinen Freund nach seinem Roboterprojekt.

Manni bekam glänzende Augen und sagte: «Im Sommer 2014 ist es soweit. Dann wird in Deutschland alles anders werden.»

«Na, da bin ich ja mal gespannt. Tschüss Manni. Und falls wir uns vorher nicht mehr sehen, wünsche ich dir ein frohes Fest und nen guten Rutsch.»

«Dir auch, Joe und schöne Grüße an die Holde», verabschiedete Herr Münch sich von mir.

Danach hörten wir fast zwei Monate nichts mehr von Manni. Jedenfalls nicht direkt.

Im Februar 2014 gab es in Deutschland einen mysteriösen Zwischenfall. Der gesamte Luftraum über Berlin war am 13. Februar für zwei Stunden nicht für die Flugüberwachung zu erfassen. Auch konnte sich kein Mensch mehr daran erinnern, was von 11 bis 13 Uhr passiert war. Berlin hatte einen Kollektiv-Blackout.

Nur ein Satellit des russischen Geheimdienstes konnte etwas Licht ins Dunkel bringen. Eine Luftaufnahme zeigte um 11.47 Uhr ein unbekanntes Flugobjekt, welches komplett blau war und ein dreieckiges rotes Logo mit einem nicht zu identifizierenden gelben Buchstaben trug. Für drei Sekunden konnte man das auf den Aufnahmen zumindest erahnen. Allerdings war auch auffällig, dass der Himmel über Berlin in einer Dunstglocke zu hängen schien. Wim Wenders hätte seine Freude daran gehabt. Einer jedoch, einer wusste genau, was da passiert war. Unser kleiner Erfinder Manni Münch. Mannis erster Superroboter war nämlich im Einsatz. An einem kalten Abend saßen wir mit Manni in seinem Schrott und guckten uns ungläubig ein Video an, das über einen seiner Bildschirme lief. Deutlich konnte man erkennen, dass dieses Flugobjekt über der Bundeshauptstadt kreiste und eine Flüssigkeit über der ganzen Stadt versprühte. Nahaufnahmen zeigten dann, dass alles in Berlin in eine Art Stockstarre verfiel. Für zwei Stunden war die Metropole quasi tot. Der Polizist am Kudamm hatte seine Pfeife im Mund und der rechte Arm zeigte auf ein Auto, das rechts in den Kreisverkehr fahren wollte. Die Straßenbahn stand mit halb geöffneter Tür vor der Haltestelle am Potsdamer Platz und ein Hund hatte sein linkes Bein gegen einen Straßenlaternenpfahl gehoben und der Strahl seiner Notdurft bog sich für zwei Stunden in einem 48-Grad-Winkel.

Manni ließ dann das Video schnell vorlaufen. Man sah, dass vor dem Reichstag zwölf riesengroße LKW standen. Doch hier bewegte sich etwas. Ein kräftig aussehender Mann zog die

Bundeskanzlerin an den Haaren in einen der vorderen Lastkraftwagen. In einem roten Laster konnte man den Oppositionsführer erkennen, der wie in einer grünen Minna, mit Handschellen an einem der Eisengitter, die vor den schmalen Fenstern angebracht waren, angekettet wurde.

«Das war unser Parlament», sagte Manni.

«Wieso war?», wollte Maria wissen.

«Weil ich es ausgetauscht habe. Gegen das gleiche Personal, nur dass es jetzt meine Roboter sind.»

«Das glaubst du doch wohl selbst nicht», erwiderte ich.

«Doch, doch, mein Lieber», sagte Manni, «ich kann es dir beweisen. Was soll der Außenminister gleich machen?», fragte mich Manni und er setzte sich vor einen kleinen Monitor mit einer Tastatur, auf der ähnlich viele Knöpfe wie auf einem Mischpult angebracht waren, die man zur Abmischung von Musikaufnahmen benötigt.

«Dann lass ihn bitte rülpsen», sagte ich.

«Gerne, er ist sowieso als nächster Redner am Pult. Es geht um den Rüstungsetat. So, noch drei Sekunden.»

Manni drehte an mehreren Knöpfen und steuerte den Minister scheinbar per Joystick. Dabei sprach er leise in sein Headset-Mikro.

Ich staunte nicht schlecht, als Außenminister Quakmann, nachdem er den Satz mit: «... und danke der Regierung, allen voran unserer Bundeskanzlerin Frau Dr. Marzelowski.», mit einem lauten Rülpser abschloss. Lachen im Parlament und sicher auch an den Bildschirmen, denn der Infosender Lönix übertrug die Debatte live.

«So», sagte Manni, «jetzt gibt es noch einen oben drauf.»

Der Wirtschaftsminister Roger Wüterle betrat die Bütt. Er klopfte auf das Mikrofon und fragte, ob man ihn denn höre. Als man ein Nicken im Plenarsaal wahrnehmen konnte, begann er seine Rede mit den Worten: «Und wenn ich heute über den Spätkapitalismus und seine Folgen für unsere Nachfolgegenerationen rede ...»

Nun griff Manni ein und Wüterle sprach weiter: «... sollten wir sieben Fässer Wein und ein Bett im Kornfeld bereitstellen, denn es ist klar. Humba humba täterä. Ich erkläre den Basar für eröffnet.»

Kurz danach kippte der Minister mitsamt des Rednerpultes vornüber. Lönix, der Infosender blendete *Aufgrund einer Störung unterbrechen wir hier unser Programm* ein.

Manni lachte, schaute uns fragend an und triumphierte. «Na, hättet ihr das gedacht? Und das ist erst der Anfang. Ludmilla hat ganze Arbeit geleistet. Kein Mensch kann die Roboter-Komiker von den echten Parlamentariern unterscheiden. Das gibt noch viel Spaß.»

In der Tat, Ludmilla Bellusofa hatte den Robotern ein *Eins-zu-Eins-Aussehen* verpasst und Manni hatte alles elektronisch im Griff.

«Das Volk soll wieder an die Politik glauben. Der Anfang ist mit dem Austausch der Gurkentruppe gemacht. Es gibt viel zu tun.»

Je länger uns Manni über seine Pläne erzählte, desto begeisterter waren wir mit dem, was er noch vorhatte.

Als wir zu Hause angekommen waren, spann meine Frau schon weiter.

«Stell dir vor, Joe», referierte sie, «an der Kasse unseres Supermarktes sitzt demnächst eine Kassiererin, die nicht durch Akkordvorgaben dem alten Mütterlein die Eier in den Wagen klatscht und sie abfertigt, als sei sie der letzte Dreck. Respekt voreinander, Spaß haben und füreinander da sein. Entschleunigung pur. Und vor allen Dingen müssen wir die Banker und die Börsianer in Angriff nehmen. Die Fußballer, den ABDC, die Deutsche Volksmusik und natürlich den Arbeitsmarkt.»

Es wurde noch ein langer Abend und wir notierten Tausende von Ideen, die Manni Münch und seine Roboter-Bande verwirklichen sollten.

Und Manni legte auch direkt los. Nach und nach begann er, die Fußball-Bundesliga nach seinem Geschmack zu gestalten.

Und als er alle menschlichen Spieler gegen seine Roboter ausgetauscht hatte, hatte die Tabelle in der Saison 2016/2017 ein Aussehen, mit dem vor drei Jahren kein Mensch gerechnet hätte.

Mit 102 Punkten und einem Torverhältnis von 153:7 wurde der VfL Bochum erstmalig Deutscher

Fußballmeister. Weit abgeschlagen auf dem letzten Platz landeten die Kicker eines einstigen bayerischen Spitzenvereins.

Aus der vierten Liga hatte es die SG Wattenscheid 09 dank Manni geschafft, im Durchmarsch von der dritten, in die zweite und dann in die erste Liga aufzusteigen. Ich war gespannt, wie Manni die Spiele der Bochumer Mannschaften untereinander manipulieren würde. Aber Manni war Sportsmann durch und durch und so ließ er bei den Spielen der beiden Clubs gegeneinander den Zufall entscheiden.

Als Nächstes ging es der Energiemafia an den Kragen. Am 17. März 2018 gingen in Deutschland plötzlich die Lichter aus. Allerdings nur in den Zentralen der fünf führenden Energiebetriebe. Alle Hochhäuser, in denen die Vorstandsvorsitzenden seit Jahren mit einem Katastrophendesaster drohten, trat das ein, was sie vorhergesagt hatten. Der Strom fiel aus. Und wirklich nur da, wo die Konzerne ihre Entscheidungen trafen. Drei Monate lang rätselte man in ganz Europa, wie es zu diesem Ereignis kommen konnte. Und Manni war jetzt erst recht in seinem Element. An einem trüben Vormittag im November brach die Börse zunächst in Düsseldorf und anschließend in Frankfurt zusammen. Innerhalb von drei Stunden verloren die 20 größten DAX-Konzerne mehr als zwei Drittel ihres Wertes. Die Märkte waren nervös geworden. Und Mannis Gesicht strahlte. Der Goldpreis sank auf ein Jahrestief und pünktlich zum Ferienbeginn sanken plötzlich die Spritpreise auf unter einem Euro pro Liter. Die Landwirtschaftsministerin Else Enteigner lud vollkommen überraschend zu einer Pressekonferenz ein.

«Meine sehr geehrten Damen und Herren», eröffnete Frau Ministerin, «ich freue mich, Ihnen heute mitzuteilen, dass ich mein Amt mit sofortiger Wirkung niederlegen werde. Ich habe eingesehen, dass es mit Ankündigungen und Beschwichtigungen allein nicht getan ist. Ich werde in einer Hühnerfarm in Altötting für zwei Jahre in mich gehen.»

Versprach es und ging.

Ratlosigkeit allenthalben. Aber Manni hatte für Nachschub gesorgt. Überall, wo die Not groß war, setzte er nun seine Roboter ein. Die Menschen glaubten plötzlich wieder an die Politik. Nach Erhöhung der Reichensteuer auf 75% verließen die ersten Topmanager die Republik. Und nichts brach zusammen. Im Gegenteil. Moral, Friede und Einigkeit wurden groß geschrieben. Eine neue Gesellschaft wuchs heran. Das Wort zählte wieder. Verträge konnten per Handschlag besiegelt werden und jeder half jedem.

Als wir im Frühjahr 2020 mal wieder bei Manni zu Besuch waren, saß dieser auf einem großen Haufen alter Smartphones.

«Ich sitze hier auf einem Relikt aus alten Zeiten. Keine Sau kräht mehr danach. Kein Vogel grunzt und man muss die Neun mal krumm werden lassen.»

Was war los mit unserem Freund? Er redete plötzlich vollkommen wirres Zeug.

«Ich hol uns erst mal ein Getränk», sagte Maria und begab sich zum Kühlschrank.

Als sie den Kühlschrank öffnete, musste sie schmunzeln. Tatsächlich, auch nach vielen Jahren stand noch immer dieser Riesenpenis in einer Ecke in einem Reagenzglas. Was wollte Manni bloß mit diesem Ding anfangen? Egal.

Nach ein paar Getränken war klar, dass Manni sich vollkommen überarbeitet hatte. Er brauchte nun Ruhe. Wir brachten ihn zu seinem Neffen nach Oberreken ins Münsterland. Dort besaß der Verwandte von Manni einen großen Bauernhof. Dort sollte unser Freund zu sich finden.

Als wir ihn nach drei Wochen zum erstem Mal wieder besuchten, ging es ihm schon deutlich besser. Als er uns sah, winkte er uns zu und strahlte.

«Schön, dass ihr da seid», begrüßte er uns. «Ich muss euch eine Geschichte erzählen, die so wirklich passiert ist.»

Und wenn Manni mit diesem Satz eröffnete, dann war klar, dass nun wieder eine seiner Lügengeschichten folgen sollte. Und er begann zu referieren:

«Es war an einem kalten Montag im Monat September. Die Zwillinge Berti und Burti machten sich auf den Weg nach Mannheim. Dort befand sich die Firmenzentrale des zweitgrößten Pharmaunternehmens Deutschlands. Die Firma Frazio. Seit Jahren warb sie mit Zwillingen für ihre Produkte. Während der ganzen Fahrt, die Zwillinge reisten mit einem ICE der Deutschen Bahn AG, redeten sie dummes Zeug. Immer wieder war der Satz *Hohe Preise, schöne Scheiße* zu hören.

Das stank einigen Mitreisenden so sehr, dass sie schließlich dafür sorgten, dass die beiden in Köln den Zug verlassen mussten. Da standen sie nun einsam und allein auf dem Hauptbahnhof, unweit des Kölner Doms. Bis heute war den Kölnern unverständlich, wieso der Dom so nah am Bahnhof errichtet worden war. Zufällig war genau an diesem Tag ein Headhunter der Deutschen Bahn AG in der Bahnhofshalle. Es fand ein Casting statt.

Die Bahn suchte für ein Pilotprojekt eine Art Mensch, der die Reisenden mit seiner eigenen Stimme über die aktuelle Lage am Bahnhof informieren sollte. Und Berti und Burti fanden sich plötzlich im Finale wieder. Jetzt galt es, den hanebüchendsten Grund für eine Verspätung zu präsentieren.

Und Berti fing an: «Achtung, Achtung, liebe Reisende auf Gleis 4. Intercity 328, Doktor Best, planmäßige Ankunft 18.05 Uhr wird in Duisburg geputzt und erreicht Köln 20 Minuten später. Testen Sie inzwischen Ihr Gebiss und beißen Sie in Äpfel, Birnen und Nüsse, die Sie auf dem Boden des Bahnsteiges finden.»

Der Headhunter war sehr angetan, da heute der 25. September, also der Tag der Zahngesundheit war. So sprach er zu Berti:

«Sehr schön. Das mit dem Gebiss und dem Zubeißen ist gar nicht so verkehrt. Manche Bahnkunden haben Gebisse, die unserem Fahrplan ähneln. Löchrig. Und es gibt Parallelen zur Deutschen Bahn. Eine neue Brücke mit fünf Zähnen im Mund, die kostet locker um die 4.000 Euro. Und bei uns, bei der Deutschen Bahn kosten fünf Brückenkilometer locker vier Millionen Euro. Und kariös ist unser Bahnsystem auch. Statt von Grund auf zu sanieren, werden alte Schienen durch runderneuerte ersetzt. Wie mit den Plomben beim Zahnarzt. Doch jetzt zu Ihnen, Burti.»

Und Burti begann:

«Euro-City Wilhelm Tell, geplante Abfahrt 19.04 Uhr befindet sich noch in einer hohlen Gasse und erreicht uns zwei Stunden später. Bitte packen Sie ihre Äpfel aus und ernähren Sie sich vitaminreich. Es könnte Küßnacht werden. Ein geschichtlicher Hinweis an unsere Reisenden: In Küsnacht war diese hohle Gasse, durch die, wer auch immer, kommen sollte. Und dieser der, das war der Schweizer Nationalheld Wilhelm Tell. Und alle Schweizer sind für den Krieg gewappnet. Denn jeder Schweizer hat unter seinem Bett, neben dem Nachttopf eine Armbrust zur Verteidigung liegen. Und dieser Tell, der hat seinem Sohn einen Boskop vom Kopp geschossen, weil der damals im Angebot war. Heute, wo man sein Obst im

Supermarkt selbst in den Beutel packen muss, da gibt es nur noch Einheitspreise für die verschiedenen Sorten. Und warum? Weil der Discounter verhindern will, dass statt der billigeren Bosköppe plötzlich teure Bio-Grannys im Beutel sind. Und die Marketing-Abteilung der Bahn hat daraus auch ihre Schlüsse gezogen. Alte Reichsbahnwaggons werden mit ICE-Pappe überzogen und zack, Hightech pur. Also: Vorsicht an der Bahnsteigkante.»

Da die Zwillingsbrüder aus der Sicht des Headhunters eine gute Figur machten, bekamen sie beide den Job und so kann es passieren, dass man auf Deutschen Bahnhöfen immer mehr schwachsinnige Entschuldigungen der Bahn zu hören bekommt.»

Manni musste lauthals lachen. Und Maria setzte noch einen drauf:

«Meine Damen und Herren, Intercity Jules Verne nach Bern hält sich von uns fern. Das hören Sie nicht gern? Dann essen Sie Kirschen und spucken den Kern. Was können wir daraus lern? Frag ich mich auch.»

«Sehr schön, Maria. Ihr seht, mir geht es wieder gut. Ich bin bereit zu neuen Taten. Lasst uns unser Werk fortführen.»

Manni Münch und seine Roboter hatten noch eine ganze Menge vor. Nach und nach setzten sie ihre Pläne in Taten um. Morgens um sieben war die Welt plötzlich wieder in Ordnung.

Die ganze Welt? Nein. Ein einziger Staat stellte sich nach wie vor quer. Und zwar die Vereinigten Staaten von Amerika. Doch es war nur noch eine Frage der Zeit, wann unser Herr Münch auch dieses Problem lösen würde.

Am Silvesterabend 2022 hatte uns Manni zu einer intimen Neujahrsbegrüßungsfete im kleinen Kreis geladen. Und so trafen wir dort gegen 19 Uhr ein. Rudi öffnete uns die Tür.

Was war denn hier los? Mannis Wohnung sah aus wie neu. Der ganze Schrott, der früher hier stand, lag oder hing, war verschwunden. Stattdessen empfing uns unser Freund im schwarzen Smoking und bat in sein Zimmer, das nicht mehr wiederzuerkennen war. Wie aus dem Ei gepellt erschien uns der Raum, der nun auch viel größer wirkte. Lediglich in der hinteren rechten Ecke, dezent hinter einem großen Designersessel versteckt, hatte Manni seine Schaltzentrale untergebracht.

Eigentlich wollten wir spätestens um fünf Uhr morgens wieder daheim sein, doch Manni bat uns, mit ihm gemeinsam im US-Sender Channel Six mitzuerleben, wie die Amis das neue Jahr begrüßen würden. Erstmals seit Lyndon J. Bonson sollte der Präsident der Vereinigten Staaten Larry O. Barry eine Liverede um Mitternacht, nach unserer Zeit also um sechs Uhr morgens, halten.

Wir waren genauso gespannt wie Manni, der sichtlich nervös war. Er hatte sich in die Nähe seiner Kommandozentrale begeben. «Schnell, nur noch eine Minute, Maria», sagte ich, «hol schon mal den Sekt.»

Meine Frau begab sich zum Kühlschrank und öffnete diesen.

«Was ich eben schon wissen wollte, Manni», meine reizende Gattin, als sie den Sekt auf den schicken neuen Glastisch stellte, «was ist damals eigentlich mit dem, na ja, du weißt schon, mit dem Riesending in diesem Reagenzglas passiert?»

In diesem Moment sprang der Zeiger der Uhr, die über der Kreuzung der Wallstreet hing, auf die Ziffer 12. Erst ertönte höllischer Lärm, dann erhob der Präsident der Vereinigten Staaten sein Sektglas, nippte kurz daran, stellte es ab und riss sich den Mantel vom Leib. Entsetzen in den Augen unserer amerikanischen Freunde. Schlagartig wurde es mucksmäuschenstill.

Der Autor:

Juckel Henke spielte bis 1971 als Amateurfußballer beim *VfL Bochum* (danach stieg der Verein direkt in die 1. Fußball-Bundesliga auf).

1981 gründete er das Bochumer Kabarett *Dudeljöh Company.*

Er arbeitete zwölf Jahre als Allzweckwaffe in der Schallplattenbranche (Einpacker, Auspacker, Importeur, Exporteur, Marketingfritze).

Anschließend war er für einen Monat als Telefonverkäufer in einer Handelsagentur tätig (größter Erfolg: Verkauf von 100.000 Gartenzwergen an einen großen deutschen Discounter).

Seine darauf folgende Karriere als Röhrenjeans-Model beendete er auf eigenen Wunsch.

Juckel Henke produzierte in einer Essener Werbeagentur 19 Jahre lang als *Projekt-Manager* Kundenmagazine im Gesundheitswesen und ist zurzeit als freier Kulturschaffender, Journalist, Kabarettist, Autor und Moderator unterwegs.

Henke ist Autor und Sprecher von mehr als 1.500 Glossen und Radio-Comedys.

Weitere Veröffentlichungen:

Hedwigs Mann war kurz Maler – 30 komische Geschichten

2012 bei Books on Demand
ISBN: 978-3-8482-1294-1
auch als E-Book erhältlich

Beate hatte ein Überbein – und sie tanzte den Langsamen Walzer zu schnell

2011 bei Books on Demand
ISBN: 978-8423-2836-5
auch als E-Book erhältlich

Frauen, die nach Schinken stinken
herausgegeben von Vito von Eichborn,

2009 in der Edition BoD,
bei Books on Demand
ISBN: 978-3-8370-5333-3
auch als E-Book erhältlich

Sonz war ja nix - ich bin weg!!!
Ein Glossensammelsurium
Texte von Ursula Jennemann-Henke & Juckel Henke

1997 bei: 999 Verlagsgesellschaft in Essen,
vergriffen (ab und zu im Antiquariat erhältlich)

http://www.juckel-henke.de
post@juckel-henke.de

Hedwigs Mann
war kurz
Maler

30 komische Geschichten
von Juckel Henke

herausgegeben von Vito von Eichborn

Edition BoD

Juckel Henke

Frauen, die nach Schinken stinken

Die ungeheuerliche Geschichte
von Sylvias Aufstieg und Abstieg
und vom Kampf um die Weltherrschaft

BEATE HATTE
EIN ÜBERBEIN

– und sie tanzte den
Langsamen Walzer zu schnell

EIN ROMAN VON
JUCKEL HENKE

147

HEINZ KOWALLEK

Sonz war ja nix,
ich bin weg!!!

Ein Glossensammelsurium mit Texten von
H.-Gerd Henke und Ursula Jennemann-Henke.
Illustrationen von Christine Nikolai.

999 Verlagsgesellschaft